mare

BIRGIT LUTZ

Mein Spitzbergen

mare

1. Auflage 2024

Lektorat Lisa Fabian
Karten Peter Palm, Berlin
Typografie Iris Farnschläder / mareverlag
Schrift Trump Mediaeval
Druck und Bindung CPI books GmbH, Germany
ISBN 978-3-86648-686-7

FSC www.fsc.org MIX Papier | Fördert gute Waldnutzung FSC® C083411

www.mare.de

Dies ist meine Liebeserklärung an eine Inselwelt,
die so, wie sie war, nicht mehr sein wird.
Doch Spitzbergen hat mir so viel Wunderbares
geschenkt, dass ich auf ewig dankbar sein werde,
dass ich all das erleben durfte.

Inhalt

Der Spitzbergenvertrag 9

Reise ins Licht 13
Tausend Inseln, hundert Wale und ein Bär 25
Wenig Reize und viel Stille 31
Trapperin auf Zeit 38
Die Rückkehr der Krabbentaucher 56
Die weiße Insel 61
Wünsche an das Eis 84
Was ist eigentlich die Arktis? 88
Pyramiden: der seelenvolle Geisterort 94
Die Stadt der Walfänger 103
Im Liefdefjord 112
Von Trapperinnen und Trappern 118
Wie Spitzbergen zu Svalbard wird 124
Das Plastikmonster 138
Das Drama um Amundsen und Nobile 148
Die Nakenbadeklubbs 159
Traurige Reste 163
Licht und Dunkel 167
Der Heleysund 173
Der große Wandel 181
Die Vielfliegerin 200

Wie der Hornsund zum Sund wird 205
Ein Malbuch, ein Rentier und ein Fehler 210
Reisen und Menschen aller Art 214

Quellen 221

Der Spitzbergenvertrag

Abgeschlossen in Paris am 9. Februar 1920

Art. 1

Die hohen vertragschließenden Teile sind miteinander darüber einig, unter den im vorliegenden Vertrage festgesetzten Bedingungen Norwegens volle und uneingeschränkte Staatshoheit über die Spitzbergengruppe anzuerkennen, die mit Einschluss von Björnöen oder Bären-Eiland alle Inseln zwischen dem 10. und 35. Längengrad östlich von Greenwich und zwischen dem 74. und 81. nördlichen Breitengrad umfasst, insbesondere Westspitzbergen, das Nordostland, Barents-öy, Egde-öy, die Wiche-Inseln, die Hoffnungs-Insel oder Hopen-Eiland und das Prinz-Karl-Land sowie alle dazugehörenden Inseln, Inselchen und Schären.

Art. 3

Die Staatsangehörigen aller hohen vertragschließenden Teile haben in den Gewässern, Fjorden und Häfen der im Artikel 1 genannten Gebiete gleiches Recht auf Zugang und Aufenthalt zu jedem beliebigen Zwecke. Sie können sich daselbst, sofern sie sich nach den örtlichen Gesetzen und Vorschriften richten, ungehindert und bei völliger Gleichberechtigung in der Schifffahrt, in der Industrie, im Bergbau und Handel betätigen.
Mit derselben Gleichberechtigung steht ihnen zu

Lande wie auch in den Hoheitsgewässern die Ausübung und der Betrieb jedes Schifffahrts-, Industrie-, Bergwerks- und Handelsunternehmens frei, ohne dass in irgendeiner Beziehung oder zugunsten irgendeines Unternehmens ein Monopol geschaffen werden darf.

Art. 9
Unter Vorbehalt der Rechte und Pflichten, die sich etwa aus Norwegens Beitritt zum Völkerbund ergeben, verpflichtet sich Norwegen, in den im Artikel 1 genannten Gebieten weder eine Flottenbasis zu errichten noch ihre Errichtung zuzulassen, und in den genannten Gebieten, die niemals zu Kriegszwecken benutzt werden dürfen, auch keine Befestigung anzulegen.

Mein Spitzbergen ist
unser aller Spitzbergen.
Aber ist ein Ort, an dem alle gleich sind
und die gleichen Rechte haben,
ein Ort ohne Militär, Konflikte und Krieg,
eine Utopie?

Reise ins Licht

Ich schaute auf eine Welt, wie ich sie noch nie gesehen hatte. Eisbedeckte Berge, Gipfel, die ganz anders geformt waren als die der Alpen. Kein Fels. Alles weiß. Gletscher, die sich die Hänge hinabschoben. Kein Baum, kein Haus, keine Straße, überhaupt keine Unterbrechung der Formen der Natur. Weite Ebenen dazwischen, die ich als zugefrorene Fjorde erkannte. Draußen vor der Küste Eisfelder, die von hier oben aussahen, als habe jemand Salzkristalle auf eine schwarze Marmorplatte gestreut. Ich staunte.

Das Flugzeug ruckelte und sank hinunter in diese seltsame Welt; polternd und schlingernd kam es unsanft vor dem Flughafengebäude Longyearbyens zum Stehen. Als ich auf die Gangway hinaustrat, zerschnitt mir die Kälte den Atem, meine Nasenflügel pappten zusammen, und ein harter Wind nahm schon mit seinem ersten Griff in wenigen Sekunden alle Wärme fort, die in meiner Kleidung gesteckt hatte. Hastig zog ich meine Jacke über und lernte als Allererstes: Anziehen lohnt sich auch für wenige Meter auf Spitzbergen, Ende März.

In der kleinen Flughafenhalle fand ich Victor schnell, der mich abholte. Victor war der Organisator der russischen Drifteisstation Barneo, die jedes Jahr im März und April im Arktischen Ozean aufgebaut wurde. Spitzbergen war also noch gar nicht mein nördlichstes Ziel, von hier aus sollte es noch weiter gehen.

In einem Auto, das den für alle Autos Spitzbergens charakteristischen Geruch nach nassem Hund verströmte, brachte er mich vom Flughafen zum Ort. Wir fuhren an einem wenig lauschigen Hafengebiet vorbei, industrielle Bauten reihten sich aneinander. Dann tauchte der schönere Teil des Orts auf, der sich in ein lang gezogenes, sanft ansteigendes Tal, das Longyeardalen, hineinduckt. Bunte Häuser dominierten damals – es war 2008 – noch das Bild, es gab nur wenige größere Gebäude: die Uni, das Krankenhaus, das Hotel. Heute ist das anders, Longyearbyen ist gewachsen und wächst immer weiter.

Im Hotel gab es ein riesiges Panoramafenster. Vor diesem aßen wir zu Abend, dann durfte ich das einmalige Spektakel erleben, das zu dieser Jahreszeit noch stattfindet: Alles wird blau.

Von der blauen Stunde haben wohl viele schon gehört. Doch hier bildete sich nun ein Licht, das anders war als alle Lichter der Welt. Die Luft war trocken und seltsam dünn in dieser Kälte, etwa minus 25 Grad waren es in diesen Tagen. Die Kälte, die der Luft alle Feuchtigkeit nahm, entfaltete in Kombination mit der durchgehend weißen Landschaft ohne jeden dunklen Bewuchs eine verzaubernde Wirkung. Mit jeder Minute wurde das Licht noch blauer, so schien es. Die Berge, der Schnee, die Luft, das Meer, alles wurde in so sattem Blau gemalt, dass man bald den Eindruck gewann, man könne diese Farbe anfassen, als seien wir nicht von Luft umgeben, sondern tatsächlich ins Blau eingetaucht. Etwas so Seltsames, so Faszinierendes, so absonderlich Wundervolles hatte ich noch nie gesehen. Ich erlebte in dieser ersten Nacht auf Spitzbergen, was mir dort noch so oft widerfahren sollte: Ich konnte einfach nicht schlafen gehen. Es wurde nicht dunkel, das Blau schien nur immer dicker zu werden. So saß ich da, trank einen Tee nach dem anderen, ging immer wieder hinaus. Mein Zimmer bezog ich spät. Ich lernte, dass man die Fenster hier gut schließen musste, weil sonst Schnee ins Zimmer wehte, und dass man die Verdunklung besser gut festmachte, damit man nicht durch die in den Schlaf blitzende Helligkeit geweckt wurde. Ich war so neugierig auf den nächsten Tag.

Diese erste Zeit auf Spitzbergen ist mit schuld daran, dass ich ihr so sehr verfallen bin, der weiten, wunderbaren Arktis, mit ihren noch viel wunderbareren Menschen. Mein allererster Kontakt mit der Eiswelt war eine Eisbrecherfahrt zum Nordpol; für mich war diese Erfahrung, als würde sich noch einmal eine ganz neue Welt innerhalb meiner bisherigen Welt öffnen. Ich hatte Meereis auf Fotos gesehen, Schollen auf Wasser. Nie hatte ich mir vorstellen können, wie das alles in echt aussah. Wie magisch es mich vor allem anzog. Buch um Buch der alten Entdecker verschlang ich und wollte immer mehr hinein ins Eis.

Durch viele glückliche Umstände konnte ich 2010 und 2011 gleich zweimal mit dem Schweizer Abenteurer Thomas Ulrich von der russischen Eisstation Barneo zum Nordpol marschieren, zwei Jahre später durchquerte ich selbstständig Grönland. Weil mich die Menschen dieser Insel so in ihren Bann zogen, kehrte ich für drei Monate dorthin zurück und ging mit ihnen fischen, Wale und Robben jagen und musste dabei viele innere Grenzen überwinden. Parallel zu alldem arbeitete ich immer häufiger auf Schiffen, die im Spitzbergen-Archipel, der russischen Arktis und Grönland unterwegs waren, erst als Guide, dann als Expeditionsleiterin. Immer mehr wuchs ich hinein in diese Welt, machte mich schließlich selbstständig mit meinen Büchern, Vorträgen und Reisen. Mit den Jahren veränderte sich auch der Fokus meines Tuns in der Arktis – musste ich sie am Anfang doch erst noch selbst entdecken und wollte sie auch sportlich erfahren, so ist mein Bestreben mittlerweile vor allem, das Meine zu tun, diesen wertvollen Lebensraum und überhaupt unsere ganze Welt schützen zu helfen. Mit meinem Plastikprojekt, von dem noch die Rede sein wird, mit vielen, vielen Schulbesuchen, mit vielen Ansätzen, Wissen zu vermitteln. Die Arktis ist ein bisschen meine Heimat geworden, oder, besser vielleicht, die Heimat meiner Arbeit, denn die Heimat meines Lebens ist dann doch in Bayern.

Longyearbyen war für mich dabei meistens Start- oder Endpunkt einer Schiffsreise, Ausgangspunkt zu den Nordpoltouren, nur selten war dieser Ort mein eigentliches Ziel. Und doch bin ich auch hier mit den Jahren auf eine Art heimisch geworden, was an den vielen schönen Erlebnissen liegt und wieder an den Menschen, mit denen ich dort Zeit verbringen durfte. Und überdies ist Longyearbyen ja nicht riesig, man kennt schnell alles und findet sich zurecht. Vielleicht ist es das, was ich an der Arktis überhaupt so schätze: Es ist alles auf seine Art recht übersichtlich.

Longyearbyen ist ein seltsamer Ort. Er liegt auf dem 78. Breitengrad, so weit im Norden wie kaum eine andere Siedlung der Welt. Der US-Amerikaner John Munro Longyear kam 1903 hierher und nahm nahe dem Adventfjord Proben, weil er sich lohnende Kohlevorkommen versprach – die er auch fand. Also kaufte er das Gelände und begann 1905 mit dem Kohleabbau; Grube um Grube entstand. Der Ort des Geschehens wurde zunächst »Longyear City« genannt, doch 1916 verkaufte John Longyear seinen Besitz an die norwegischen Bergbauer, und mit dem Spitzbergenvertrag schließlich wurde Longyear City 1926 zu Longyearbyen. Seitdem trägt es diesen wunderlich klingenden Namen. Dabei heißt »byen« auf Norwegisch schlicht »die Stadt« und Longyearbyen also ganz einfach weiterhin: Longyear-Stadt.

Bis in die Vierzigerjahre hinein wuchs Longyearbyen recht langsam; vor allem Minenarbeiter und Betriebe rund um den Kohleabbau kamen nach Spitzbergen. In den Achtzigerjahren lebten gerade einmal fünfhundert Menschen ganzjährig in der Siedlung. Das alte Longyearbyen allerdings wurde 1943 von den Deutschen weitgehend zerstört. Alte Fotos zeigen die Reste der einstigen Hauptstraße; aus Häusern waren Ruinen geworden. Das neue Longyearbyen wurde nach dem Krieg ein Stück weiter in der Talmitte aufgebaut. Vom einstigen Ort sieht man heute nur noch die hölzernen Pfähle aus dem Boden ragen, auf denen im Permafrost die Häuser errichtet werden. Krumm und schief stehen die Stämme in der Tundra, wie kleine Mahnmale. Auch nach dem Krieg blieb Longyearbyen vor allem eine Bergarbeitersiedlung; die meisten Einwohner waren Männer, die bei der Store Norske Spitsbergen Kulkompani arbeiteten, der norwegischen Kohle-Abbaufirma.

1975 schließlich wurde der Flughafen gebaut, und Spitzbergen rückte dadurch ein ganzes Stück näher ans Festland heran. Man musste keine tagelange Schiffsreise mehr unternehmen, um herzukommen, die im Winter ohnehin nicht möglich war. Nun konnte man fliegen. Mit den Flugzeugen kamen immer mehr Reisende, und heute ist die Struktur des Orts eine ganz andere als damals in der Bergarbeiterzeit.

Dass man es hier mit einem Minenort zu tun hat, spürt man dennoch an einigen Stellen. Da sind immer noch die Holzgestelle der Seilbahn, an denen einst die Loren voller Kohle zum Hafen ratterten. An den steilen Hängen der Tafelberge kleben die Eingänge der alten Minen über dem Ort, und in der Nähe des modernen Hauses des *Sysselmesteren* – die Verwaltung Spitzbergens – sieht es so aus, als stakse eine riesige Metallspinne den Hang entlang: Dort steht das skurrile, windschief anmutende Gebäude der *Taubanesentralen*, das tatsächlich an eine Spinne erinnert. Hier liefen einst die Lorenseilbahnen der einzelnen Minen zusammen, bevor sie weiter zum Hafen schaukelten. Und ein Kumpel flaniert auf ewig durch das Ortszentrum: Zwischen Supermarkt und Einkaufszentrum steht die lebensgroße Statue eines Bergarbeiters auf seinem Weg in die Mine. Fast immer hängen frische Blumen daran, auch wenn es kaum einen teureren Ort für frische Schnittblumen gibt als Spitzbergen.

Ein weiteres Relikt aus Bergbauzeiten: Die Menschen flitzen in den Häusern hier strumpfsockig durch die Gegend, weil man das in norwegischen Minenorten einfach so macht: Man zieht am Eingang die Schuhe aus, einst natürlich, um den Kohlestaub nicht in die Wohnungen zu tragen. Auch in den Museen, den Hotels und in der Uni wird das immer noch so praktiziert, selbst in manchen Geschäften. Das ist an einem Ort, der kaum einen neutralen Bodenzustand im Jahreslauf kennt, sondern entweder verschneit, vermatscht, verschlammt oder staubig ist, auch heute noch von Vorteil. Im Winter allerdings führt es zu der Kuriosität, dass man immer wieder einen Stromschlag bekommt, wenn man andere Menschen oder Gegenstände anfasst. Weil die Luft so trocken ist und man sich durch die Socken immer wieder statisch auf- und dann knallend entlädt. Man kann sich Longyearbyen im Winter also als einen dunklen Ort vorstellen, an dem es fortwährend an verschiedenen Stellen funkt und die Menschen zusammenzucken.

Longyearbyens Gesicht hat sich in den vergangenen Jahren stark gewandelt, mittlerweile leben mehr als zweitausend Menschen in dem windumwehten einstigen Außenposten; es gibt gleich mehrere Kindergärten und Schulen, immer mehr Hotels und mittlerweile auch viele große Wohnheime, um die wachsende Zahl an jungen Leuten unterzubringen, die sich diesen nördlichen Ort für ihr Studium ausgesucht haben. Am UNIS – The University Center in Svalbard – studieren etwa achthundert Arktisinteressierte Arktische Biologie, Geologie, Geophysik oder Technologie. Deren Spuren sieht man allerorten: Verlässt man Longyearbyen, findet man beinahe in alle Richtungen Forschungseinrichtungen, weiter im Adventdalen beispielsweise die Aurora-Forschungsstation. Auch andere Hightech ist auf Spitzbergen zu finden: Die riesige Antennenanlage SvalSat oben auf dem Platåberget steuert und überwacht Satelliten und transferiert Daten – ein Umstand, der dem kleinen Longyearbyen ein rasend schnelles Internet beschert, weil wegen dieser Transfers Glasfaserkabel zwischen der Insel und dem Festland gelegt wurden.

Wo früher also die schwarzverstaubten Kumpel das holzhäusige Straßenbild prägten, gibt es heute viele große Gebäude, zwischen denen vorwiegend junge, in bunte Outdoorkleidung gehüllte Menschen unterwegs sind. Das sind nicht nur die Studierenden, sondern auch Guides, die hier arbeiten, mit denen man Touren in die Umgebung unternehmen kann, zu Fuß, mit Schlittenhunden, auf Skiern oder Schneemobilen. Allein sollte man sich nicht hinauswagen aus dem Ort, das sagen einem auch all die rot-weißen Schilder an den Ausfallstraßen, die Vorfahrtsschilder für Eisbären. Die Bären sind überall, und sie sind zu achten. Ohne Warnpistolen und Gewehr ist hier niemand draußen unterwegs. Wer damit nicht umgehen kann, nicht weiß, wie sich Bären verhalten und wie man in dieser Gegend überhaupt am Leben bleibt, nimmt sich besser einen Guide.

Der Tourismus hat erst langsam, aber in den vergangenen Jahren immer schneller zugenommen. Früher, in der Zeit, bevor ich Spitzbergen kannte, kamen nur ganz besonders Interessierte so weit in den Norden, und ganz früher, im 19. Jahrhundert, Reisende, die sehr viel Geld hatten. Denn auch damals gab es schon Kreuzfahrten ins Eis.

Heute ist Spitzbergen ein bekanntes Arktisziel geworden, so bekannt, dass es Longyearbyen nicht anders geht als Dubrovnik: Es gibt Tage, da sind plötzlich dreimal so viele Menschen im Ort unterwegs wie gewöhnlich, dann, wenn Schiffe mit fünftausend Gästen anlegen. Diese großen Dampfer dürfen allerdings nur in Longyearbyen festmachen und nirgendwo anders Passagiere an Land bringen, sie dürfen auch nur in diesen einen Fjord einfahren. In Longyearbyen gehen die Gäste dann shoppen oder machen Ausflüge, im Sommer fahren sie mit kutschenartigen Gefährten mit Gummireifen, die aufgrund des fehlenden Schnees die Schlitten ersetzen und von Huskys gezogen werden. Die Menschen machen das Geschäft, die Hunde haben Bewegung. Wer aber an einer solchen Reise teilnimmt, die ihm vollmundig Spitzbergen anpreist, hat Spitzbergen nicht gesehen, bekommt nicht den Schimmer einer Ahnung, was die Inseln ausmacht. Diese Gäste tun mir leid.

2015 wurde erstmals mit dem Tourismus mehr Geld verdient als mit dem Bergbau. Mehr als tausend Gästebetten gibt es mittlerweile, in denen jährlich 60 000-mal übernachtet wird. Wo früher am Morgen die Minenarbeiter mit Bussen zur Mine gebracht wurden, heulen heute im Lichtwinter die Schneemobile über die Ebene des Adventdalen. Für mich sind Schneemobile wie ein Sakrileg an der Landschaft; ich verstehe, dass sie ideal sind, um schnell voranzukommen, sie sind eben die Autos der Arktis. Dennoch verspüre ich einen unglaublichen Stress, wenn große Gruppen laut umherröhren; dieses Verkehrsmittel passt nicht in die verschneite, stille, starre Landschaft, in der ich nichts außer meinem Tinnitus höre. Und nun eben vor allem die Schneemobile. Ich mag sie nicht.

Longyearbyen wirkt heute nicht mehr wie ein kurioser Außenposten, sondern wie einer jener nordnorwegischen Orte, an denen es zwar einige schöne Holzhäuser gibt, ansonsten aber die harte Funktionalität überwiegt, mit massiver Ausrüstung und Bauten, die das Leben in dieser harschen Umgebung sichern sollen. Riesige Hallen stehen hier herum, große Baugeräte, Stahlcontainer, alles robust, alles kräftig. Die Schönheit Longyearbyens erschließt sich seinen Gästen so nicht gleich. Die eigentliche Schönheit und Besonderheit dieses Orts sind woanders zu finden. Nämlich in den Menschen selbst, die die dunklen Winter hier zusammen verbringen und eine geradezu liebevolle Gemeinschaft bilden, die in den jüngsten Jahren mit Lawinen und allerlei anderer Unbill zu kämpfen hat. Aus den Reihen der hier Wohnenden hat sich eine kompetente Erste-Hilfe-Truppe gebildet, die in Notfällen parat steht. Man kann sich hier nicht nur auf abrufbare Strukturen verlassen; man muss selbst Strukturen bilden und erhalten helfen, auch das verbindet.

Die Türen aller Häuser waren bisher nicht verschlossen, nicht nur, um stets Zuflucht vor auftauchenden Bären zu bieten, sondern auch, weil es niemanden gab, vor dem man Türen verschließen musste. Ohnehin kannten sich alle, und wer auf einer Insel etwas stiehlt …, nun ja.

Es gibt Facebook-Gruppen, in die man posten kann, wenn man etwas braucht, sucht, verloren oder gefunden hat. Wer an einem noch so abgelegenen Ort einen Handschuh verliert, bekommt ihn mit großer Wahrscheinlichkeit wieder zurück. Weil ihn irgendjemand findet. Vielleicht sogar einen Umweg fährt, um nach ihm zu suchen. Ich selbst habe, nachdem ich mein Mobiltelefon in Oslo im Flughafenklo versenkt hatte, hier schon einmal ein neues Telefon bekommen, geliehen, für die Zeit, in der ich auf Spitzbergen war. Von jemandem, den ich noch gar nicht kannte. So ist das dort. Es ist ein bisschen so, wie es mir ein Grönländer über sein früheres Leben, bevor auch dort die Moderne ihren Einzug gehalten hatte, erzählte: Wenn jemand etwas gebraucht hat, hat er es bekommen. Und das ist im Falle Longyearbyens keine romantisierende Sicht, es ist tatsächlich eine warme Blase im kalten Ozean.

In diese warme Blase kommen Menschen aus aller Welt, um hier zu leben und zu arbeiten; kurioserweise ist nach der norwegischen die thailändische die zweithäufigste Nationalität. Der Grund ist einfach: Für die Einreise benötigt man kein Visum. Alles ist so herrlich einfach hier, oder besser: Es *war* so herrlich einfach hier, doch davon später mehr. Auch die Autos sind unverschlossen in Longyearbyen, und bei den meisten steckt der Schlüssel. Man kann bei dem nicht einmal fünfzig Kilometer langen Straßennetz schlicht kein Auto klauen.

Mitunter führt das zu lustigen Vorkommnissen. So war ich einmal im Winter mit Freunden im Lokal Kroa zum Abendessen verabredet; wir waren mit Victor im Auto dorthin gefahren. Als wir noch nicht lange an der Bar saßen, stellte unser gemeinsamer Freund Bengt fest, dass er etwas vergessen hatte. Victor sagte, er solle einfach das Auto nehmen, der

Schlüssel stecke. Bengt fuhr also weg und kam wenig später wieder zurück. »Ich hab's woanders hingestellt«, sagte er, »vor der Tür war kein Platz mehr.« »Macht ja nichts«, sagte Victor. Als wir aber am Ende des Abends aus dem Kroa gingen, stand das Auto noch da, wo wir zuvor geparkt hatten. »Du hast ja gar nicht umgeparkt«, sagte Victor also zu Bengt. Der kratzte sich an der Mütze und sagte: »Oh. Da bin ich wohl mit einem anderen Auto gefahren.« Wir lachten, aber was sollten wir machen? Der Fahrer des anderen Autos, das Bengt ein Stück weiter die Straße hinauf abgestellt hatte, würde sich später ein bisschen wundern. Oder auch nicht, wer weiß.

Longyearbyen ist eine ganz und gar künstliche Gesellschaft, aufmerksamen Augen entgeht das nicht. Nach einer Weile fällt unweigerlich auf, dass es – außer unter den Gästen – hier keine alten Menschen gibt, auch keine Menschen, die eine Behinderung haben, und man sieht zwar etliche junge Mütter und Väter mit kleinen Kindern, aber keine Schwangeren. Der Grund ist einfach: Wer hier lebt, muss gesund sein und Arbeit haben. Es gibt nur ein kleines Krankenhaus, das mittlerweile ab und an ächzt unter den Massen an häufig durchaus betagten Touristinnen und Touristen, die dann doch medizinische Hilfe brauchen. Sechs Betten gibt es dort; es ist ein Krankenhaus zur Notversorgung, Verletzte oder Kranke werden nach Tromsø oder gleich nach Oslo geflogen. Kinder sollen hier nicht geboren werden; lange vor dem Entbindungstermin müssen die Frauen deswegen aufs Festland. Es gibt auch kein Altersheim auf der Insel und keinen Seniorentreff. Wer nicht mehr arbeitet, wer nicht gesund ist, geht. Es gibt nur wenige Ausnahmen.

Auch wer nur im Sommer kommt, wenn Longyearbyen staubig ist und alles rundherum braun, wenn es mittlerweile so warm ist, dass die Menschen auf Kroas Terrasse im kurzärmligen Merinoshirt sitzen, hat Longyearbyen nicht erlebt. Dieser Ort hat viele Gesichter, und er ändert sein ganzes Sein dramatisch mit dem Wetter. Er kann wunderschön und entspannt wirken im Sommer, wenn die Sonne auch um Mitternacht scheint und das Leben nie zur Ruhe kommt, wenn an manchen Tagen der Himmel wolkenlos ist und die Luft still. Er kann verregnet, hässlich und verzweifelt scheinen, verloren und deplatziert, dann, wenn es, wie neuerdings immer öfter, tagelang regnet und die ganze Welt unter einem schweren, graunassen Tuch zu verschwinden droht. Er kann wattig weiß strahlen, wenn es schneit und der Schnee all das Baugerät und Derbe und Harte zudeckt wie ein frisch gewaschenes Laken. Er kann hart und unerbittlich wirken, wenn die arktischen Stürme über ihn hinwegfegen, Schnee mitbringen und noch viel mehr aufwirbeln, sodass man kaum einige Meter weit sehen kann und die Menschen nicht umsonst Reflektorwesten tragen. Man spürt dann, dass der Tod nicht weit ist, dass dieser Wind fähig wäre, alle Lebenslichter auszulöschen, so gewaltig, so kalt, so groß ist er. Longyearbyen kann auch dunkel und gemütlich sein, in einer klaren Winternacht, in der man die Sterne sieht und keinen Mond, in der das Schwarz der Polarnacht alles zu verschlucken scheint und die Lichter in den Fenstern seltsam tröstlich und einladend wirken. Und schließlich kann sich dieser Ort in Pastell tauchen, wenn die Sonne, wie bei meinem allerersten Besuch, gerade erst wiederkommt und die blaue Zeit anbricht.

Tausend Inseln, hundert Wale und ein Bär

Weil alle Bedingungen passten, vom Wind bis zu den Wellen, fuhren wir auf einer der Reisen mit dem Segelschiff *Antigua* nach Hopen, eine Insel im Südosten des Archipels, die weitab der gängigen Routen von Umrundungen liegt. Wir segelten um die Südspitze Spitzbergens herum in Richtung Osten, auf einem Meer, das aussah, als hätte die Augsburger Puppenkiste ihre Frischhaltefolie aufgespannt. So glatt, so schimmernd, so wellenlos. Das Blau des Himmels verlief sich im Blau des Meeres, doch bald zeichnete sich der Horizont deutlich ab: weil sich auf ihm Blase von Walen aneinanderreihten. So viele, dass wir sie nicht zählen konnten, schlanke, hohe Blase von Finnwalen, kleinere, buschige Blase von Buckelwalen und schließlich die kleinen Pruster von Zwergwalen. Es waren so viele, dass wir unser Schiff einfach nur still in dieses Meer steuern mussten, dann tauchten die Wale rings um uns auf und ab, ab und auf. Wir wussten nicht, wohin wir unseren Blick zuerst wenden sollten.

Diese Stellen im Süden des Storfjords sind bekannt dafür, dass manchmal große Gruppen von Walen hier anzutreffen sind, einfach, weil es hier viel Futter gibt. Wenn man tatsächlich eine solch große Ansammlung dieser Meeressäuger findet, ist es faszinierend. Wir standen an Deck und staunten. Für mich ist es jedes Mal wieder eine wundervolle Erfahrung, wie still die Menschen werden, wenn sie Wale sehen. Es breitet sich ein ganz eigener Frieden aus. Gleich zweimal gerieten wir an diesem Tag in eine solch große Gruppe von verschiedenen Walarten. Stunden verbrachten wir mit ihrer Beobachtung und erreichten deswegen erst zum Abend die Tusenøyane, die Tausend Inseln im Süden von Edgeøya. Das ist eine recht energiesparende Weise gewesen, all die kleinen Eilande zu benennen, die in dieser Region teils nur sehr flach aus dem Meer ragen. Ob es tausend sind, wer weiß das schon. Es sind viele.

Nach dem Abendessen brachen wir auf zu einem Spaziergang auf der Langåra, einer der Basaltinseln, die schimmernd in der schon wieder tief stehenden Augustsonne vor uns lag und es zu einem eigenen Namen geschafft hat. Wir fanden die Überreste russischer Jagdstationen, bewunderten den Blick über die Doleritblöcke, eine Aussicht, die uns gänzlich neu war. Wir hörten das Kreischen von Vögeln, und sonst nichts, im roten Abendlicht.

Mit diesem ganz besonderen Frieden in uns, den solche Tage verbreiten, kehrten wir zurück aufs Schiff, wo wir jedoch nicht lange blieben. Kaum an Bord, stiegen wir schon wieder in die Schlauchboote. Denn an Land, ein ganzes Stück weit entfernt, war ein Eisbär unterwegs. Wir tuckerten also langsam mit leisen Motoren Richtung Küste, auf dem Weg zu einem ganz besonderen Erlebnis. Denn dort, wo das steinige Ufer von einem schwarzen Sandstrand unterbrochen wurde, lag eine kleine Gruppe Walrosse. Vielleicht zwanzig Tiere fläzten im Sand, wie Walrosse das zu tun pflegen, wenn sie von ihren Fresstouren zurückkehren. Bei diesen Ausflügen schlagen sie sich ihre Bäuche auch mal mit siebzig Kilogramm Sandklaffmuscheln voll. Dementsprechend rülpsen und furzen die sehr eindrucksvollen, aber nicht gerade possierlichen Tiere vor sich hin; Luther hätte hier keinen Zweifel daran, ob es den Tieren geschmacket hatte.

Etwa zwanzig Meter neben den Walrossen stand ein Bär an der Wasserlinie auf einem toten Walross.

Dieses Bild allein ist schon ein sehr ungewöhnliches. Walrosse sind kein regulärer Bestandteil des Speiseplans von Eisbären, zu massiv sind die Stoßzähne, mit denen sie sich gut zu verteidigen wissen, zu dick ist ihre Lederhaut, die auch ein Eisbär nur schwerlich zu durchbeißen vermag, zu schnell wären sie im Wasser, in dem der Eisbär keine Chance mehr hätte gegen die dort so behände größte Robbenart der Arktis. Ein Eisbär also, eine Walrosskolonie und ein Kadaver – das war sehr spannend. Was war hier passiert? War das tote Walross einfach gestorben, wie das Tiere in der Wildnis nun einmal tun, oder hatte der Bär nachgeholfen? War es ein junges, das der Bär doch geschafft hatte zu töten? Oder ein ganz altes? Die Kolonie der Walrosse lag dort ruhig und ungestört. Die Tiere reagierten überhaupt nicht auf unsere Boote. Das sprach nicht dafür, dass hier kurz zuvor alle aufgescheucht worden waren von einer dramatischen Jagd auf einen ihrer Artgenossen.

Der Bär aber hob nun den Kopf und schaute zu uns herüber. Wir kamen nicht näher; wir blieben mit unseren beiden Booten ein ganzes Stück weit von der Küste entfernt. Wir wollten die Tiere nicht stören, zudem war diese ganze Situation nicht unbedingt übersichtlich und das Wasser flach. Stecken bleiben will man nun gar nicht, wenn Bären und Walrosse in der Nähe sind, denn beide können gleichermaßen unangenehm werden.

Während wir noch über derlei Dinge kontemplierten, setzte sich der Eisbär in Bewegung und ging am Ufer entlang auf die Walrosse zu. Das wiederum brachte die Kolonie nun sehr wohl in Bewegung, die Männchen warfen ihre Köpfe samt Stoßzähnen abwehrend auf und nieder, und zum Rülpsen und Furzen gesellte sich nun ein viel weniger gemütliches und viel mehr bedrohliches Grunzen, das aus den tiefsten Tiefen der Walrosskolosse zu kommen schien. Bis auf wenige Meter lief der Bär auf die Kolonie zu, und wir hielten alle den Atem an. Griff er die Gruppe an? Sollten wir jetzt wirklich eine solche Szene beobachten können?

Nein. Als er direkt bei den Tieren angelangt war, blieb er stehen. Kurz schaute er über die wie Säcke daliegenden Säuger, dann drehte er sich um, als habe er sich gerade daran erinnert, dass Walrosshaut recht zäh sein kann, und lief zurück. Kollektiv atmeten wir in unseren Booten wieder aus. Der Bär marschierte zu seiner Beute zurück, machte sich aber nicht erneut ans Fressen. Er lief an dem Kadaver vorbei bis zu einem felsigen Küstenabschnitt. Bis dahin hatte er uns keines Blickes mehr gewürdigt, und wir hatten uns kaum bewegt. Wir dümpelten einfach so vor der Küste. Dann aber drehte sich der Bär zu uns um. Als habe er uns jetzt erst entdeckt, schaute er uns eine Weile an und ging ins Wasser! Obwohl doch dort am Ufer sein Fressen lag! Dieses Verhalten hatten wir nicht erwartet.

Wieder hielten wir die Luft an, denn nun schwamm der Bär auf uns zu. Unsere beiden Boote bewegten sich noch immer nicht nennenswert, und der Bär schien unentschlossen, wo er eigentlich hinwollte. Mal hielt er auf unser Boot zu, das von Steuermann Maarten geführt wurde, mal auf das andere, das Steuermann Isma lenkte. Langsam fingen wir nun doch an, rückwärtszufahren. Der Bär schaute uns an, neugierig. Er schwamm ungefähr in der Mitte zwischen unseren Booten hindurch, die etwa fünfzig Meter voneinander entfernt waren, und begann dann, auf Ismas Boot zuzuhalten. Isma beschleunigte sein Boot und fuhr ein ganzes Stück weiter aufs Meer hinaus. In diesem Moment drehte der Bär sich um, blickte auf uns – und veränderte mit einem Schlag sein ganzes Sein. Urplötzlich war er nicht mehr verspielt neugierig. Jetzt jagte er, und wir waren die Beute. Vom gemütlichen Paddeln beschleunigte er auf eine erstaunliche Geschwindigkeit und fixierte uns auf eine Weise, die mir alle Haare im Nacken aufstellte. Es war nun ganz eindeutig, was der Bär vorhatte, man las es glasklar in seinem Blick: Er wollte uns angreifen. Und somit war auch ganz eindeutig, was wir zu tun hatten: nämlich kontrolliert und zügig von dannen tuckern. Was wir auch taten. In sicherer Entfernung konnten wir ein zweites Mal kollektiv ausatmen.

Wir fuhren langsam in Richtung unserer *Antigua*, auf Ismas Boot zu. Der Bär begriff, dass er keine Chance mehr hatte, er gab auf und wandte sich wieder gen Land. Für uns war das Erlebnis aber immer noch nicht vorbei, denn obwohl wir nun ja auf dem Rückweg waren, robbte plötzlich ein großes Walrossmännchen ins Wasser. Zum zweiten Mal wurden wir anvisiert. Mit einer kaum zu fassenden Geschwindigkeit und einer erstaunlichen Bugwelle schmiss sich dieses Männchen auf uns zu, und nun machten wir uns wirklich von dannen. Denn ein verärgertes Walross, das sehr gut unter- und sehr unerwartet wieder auftauchen kann, war dann wirklich zu viel des Abendprogramms. Auch hatten wir nun den Eindruck, die Tiere trotz des großen Abstands gestört zu haben. Wir hatten ihr Verhalten verändert, sie machten nun andere Dinge als vor unserem Erscheinen – das wollen wir immer vermeiden. Ich bin dankbar für diese Begegnung, weil ich gesehen habe, dass man erkennen kann, wenn Bären ihre Meinung ändern. Man kann sehen, was sie wollen.

In einem spektakulären Sonnenuntergang glitten wir also über das stille Meer zurück zum Schiff und ließen die Tiere in Ruhe. Ein Tag, für den man Tage brauchte, ihn zu verarbeiten, ging in flammendem Licht zu Ende.

Wenig Reize und viel Stille

Wer auf Spitzbergen, wer in der Arktis unterwegs ist, verändert sich. Denn eine der wundervollen Eigenschaften der Arktis ist ihre scheinbare Leere, über weite Strecken. Ihre Reizarmut. Der moderne Mensch ist ja daran gewöhnt, dass er immer und überall etwas Menschengemachtes sieht, dass immer und überall in der Landschaft irgendwas drin ist, was die Landschaft nicht gemacht hat. Nur noch sehr selten findet man sich noch an Orten wieder, wo die Welt so aussieht, rundherum, als gäbe es den Menschen nicht. Ganz anders in der Arktis. Über in Mitteleuropa unvorstellbar weite Strecken kann man in dieser Region tatsächlich niemanden antreffen, nicht einmal Spuren menschlichen Daseins finden. Eine wirklich unberührte Landschaft habe ich zum ersten Mal in Franz-Joseph-Land in der russischen Arktis gesehen. Die Wirkung dieses Anblicks werde ich nie vergessen. Es macht etwas mit einem, wenn man sieht, wie die Welt ohne Menschen aussieht, wie sie überall aussehen könnte, gäbe es unsere Spezies nicht. Auf eine Weise sieht man die Welt dann auf einmal überall viel deutlicher.

Auf Spitzbergen gibt es wenige Gerüche, vor allem im Winter, wenn es kalt ist. Es gibt keine Geräusche, außer denen, die aus der Natur kommen: das wasserblasende Atmen von Walen, das Knispeln äsender Rentiere, das Prusten von Belugas, das Bellen von Polarfüchsen, das Kreischen unzähliger Vögel, das Pfeifen liebeskranker Robben. Das Flüstern schmelzenden Gletschereises und das Krachen berstender Eisberge, das Rauschen, das auf eine Gletscherkalbung folgt. Manchmal auch das sanfte Sirren von Flügelschlägen oder das grollende Schnauben eines Eisbären. All das sind Geräusche, die anders wirken als Supermarktmusik. Vollkommen still ist es eigentlich nie auf Spitzbergen. Diese Naturgeräusche können sogar lauter sein als ein Lastwagendonnern, aber sie dringen dennoch ganz anders ein, sie schwingen irgendwie mit einem, nicht wie all die technischen Geräusche unserer modernen Welt gegen einen. Ich weiß es nicht anders zu sagen.

Wer auf Spitzbergen abseits von Longyearbyen unterwegs ist – und nicht mit einem dieser Motorschlitten –, muss aufmerksam sein. Wir müssen auf Veränderungen am Himmel achten, auf aufziehende Wolken und mächtigeren Wind. Wir suchen ununterbrochen die Landschaft ab, wenn wir wandern, mit und ohne Fernglas, um keinen Eisbären zu übersehen. Wir suchen nach Tieren, manchmal tagelang, und wenn wir sie finden, freuen wir uns. Die Arktis ist dabei das Gegenteil eines Dschungels. Ein Dschungel quillt über vor Leben, es gibt alle Dinge in Hülle und Fülle, und die kleinen Wesen übersieht man gerne; man nimmt sie gar nicht wahr, man schätzt sie nicht. Die Arktis dagegen wird von einigen Menschen geradezu als karg und leblos empfunden, doch bewirkt gerade diese Reduziertheit eine genauere Wahrnehmung selbst der allerkleinsten Dinge und eine viel größere Dankbarkeit für ihre Existenz. Wohl nirgendwo sonst auf der Welt gehen normalerweise nur durchschnittlich an Natur interessierte Menschen so häufig auf die Knie, um eine nur wenige Zentimeter große Blume zu fotografieren. Auf unseren Wanderungen passiert es regelmäßig, dass sich Gäste für einen besseren Winkel in die Tundra legen, um einen Spitzbergenmohn zu fotografieren, beispielsweise.

Die Arktis hat meine Sensoren geschärft, meine Filter geöffnet. Das ist in der Wildnis gut, in der Zivilisation manchmal hinderlich. In der Zivilisation ist es nicht hilfreich, wenn alles, was es um einen herum so gibt, einfach auf einen einströmt, man tut gut, ein engmaschiges Netz um sich zu spannen, dessen die meisten sich gar nicht bewusst sind. Wer in einem Großraumbüro sitzt, kann unmöglich arbeiten, wenn er allen Geräuschen, Bewegungen, Gerüchen um sich herum die gleiche Aufmerksamkeit schenkt, er muss sich unablässig abschirmen und dabei heraushören, was vielleicht doch wichtig wäre. Ich bemerke sie immer wieder ganz deutlich, die Filter, die den Menschen in der Zivilisation bestehen, in der Natur aber untergehen lassen. Wenn wir wandern, merken viele unserer Gäste keine Veränderungen, sie wissen nicht, wann Vorkehrungen zu treffen sind oder umzukehren ist, sie wundern sich, wenn wir Landungen absagen, und wundern sich eine Viertelstunde später genauso, wenn vierzig Knoten Wind den Regen auf das Schiff peitschen und wir das Ufer nicht mehr sehen. »Das ging aber schnell«, sagen sie dann.

Ich werfe ihnen das nicht vor, wie soll man auch all diese Dinge kommen sehen, wenn man an ein Leben in der Stadt gewöhnt ist. Im Gegenteil, ich finde es umso schöner, wenn auch sie den Weg auf ein Schiff in die Arktis gefunden haben. Wenn sie zu staunen beginnen und nicht mehr aufhören. Wenn diese Natur auf sie prallt wie sonst der Straßenlärm.

Ich möchte, dass die Gäste, mit denen ich unterwegs bin, genau das erfahren. Die Arktis, Spitzbergen, Grönland, irgendwann auch wieder Russland, mit allen Sinnen. Mir geht es nicht um ein gutes Eisbärfoto. Auch, ja, natürlich wollen wir das bieten. Aber mir geht es vor allem darum, dass die Menschen diese Region nicht konsumieren. Nicht heute Eisbär, morgen Wal, übermorgen Gletscher, alles wunderbar, wie schön! Und dann geht es zur nächsten Reise, Safari, was auch immer. Ich möchte, dass die Arktis mit den Menschen das tut, was sie so gut kann, sie irgendwo in ihnen berührt, wo nur Natur hinkommt.

Ich beginne meine Reisen immer langsam, bei den ersten Landgängen nehmen wir uns viel Zeit, den ungewohnten Untergrund zu erkunden, die zarten Blumen zu entdecken, das Licht, den Horizont. Es gibt in dieser aus der Ferne so karg scheinenden Landschaft immer so viel zu sehen, dass es schlicht sinnlos ist, bei der ersten Landung schon eine lange Wanderung unternehmen zu wollen. Die Menschen wollen doch stehen bleiben, fotografieren, es wäre nur Stress für alle. Und weil sie merklich zu tun haben, mit all dem, was sie da sehen, halte ich nach einer Weile immer an und kündige fünf Minuten arktischer Stille an.

Für diese Minuten sucht sich jeder einen bequemen Platz, ob nun stehend, sitzend oder liegend. Zu weit auseinander können wir nicht, wegen der Bären. Deswegen ist es bei diesen Minuten so wichtig, sich nicht zu bewegen. Also, gar nicht. Denn natürlich haben wir alle Raschelschichten an, die unvermeidliche Plastik-Oberbekleidung, die bei jeder Bewegung knistert. Und stört. Nun sollen wir aber einmal fünf Minuten gar nichts voneinander hören, sondern nur der Natur lauschen.

Wenn ich das also ankündige, denken sich manche, und ich sehe ihnen das an: »Was ist das denn für ein Schmarrn?« Davon unbeirrt, mache ich es mir an einem Ort, an dem ich alle überblicken kann, bequem und schaue auf meine Uhr.

Ich muss tatsächlich die Zeit im Blick behalten, weil ich mittlerweile jedes Zeitgefühl verliere. Ich kann ohne Probleme auch zwanzig Minuten einfach dasitzen, aber wir wollen ja niemanden überstrapazieren.

In diesen stillen Minuten passiert dann nichts und sehr viel. Man sieht, welche Menschen nicht still sitzen können. Sie müssen etwas tun, nach etwas kramen, mit etwas knistern, doch wieder fotografieren; untätig, unbeweglich dasitzen, das geht nicht. Man sieht, welche Menschen zu meditieren gewohnt sind. Denn diese setzen sich und sind von da an in Ruhe. Es gibt Menschen, die ganz traurig oder gerührt werden. Und Menschen, die hinterher strahlen. Auf jeden Fall geht in diesen Minuten, vor allem beim ersten Mal, immer etwas vor sich, die Dynamik in der Gruppe verändert sich, weil wir einen Moment miteinander teilen, der überraschend intim ist. Danach kennen wir uns irgendwie besser, sind uns näher, obwohl jeder und jede für sich war.

Im weiteren Verlauf der Reise, bei einer zwei Wochen dauernden Spitzbergenumrundung, geschieht dann oft eine ganz wundersame Wandlung unserer Gäste. Denn am Anfang sind es oft immer nur wenige Sekunden, bis jemand die Stille unterbricht und sich bewegt; doch dieser Zeitraum wird jeden Tag länger. Bewirkt wird das durch dieses Gesamtpaket, die arktische Weite und Ruhe, die Bewegung in einer scheinbar unberührten Landschaft, diese ganze Form des Reisens, in dieser Gegend. Mein Rekord sind zwanzig Menschen und vierzehn Minuten, absolut still. Sie haben nicht einmal gemerkt, wie lange es war.

So wird Spitzbergen zu einem Ruhepol, einer Region, in der man aufs Wesentliche reduziert ist, in der es nicht mehr um Überflüssiges geht, um den ganzen Wahnwitz, der unsere Gesellschaften zum Teil ausmacht. Glücklicherweise gibt es auf den meisten kleinen Schiffen, auf denen ich fahre, kein Internet.

Eine wirkliche, allumfassende Stille habe ich am Nordpol und in Grönland erlebt, auf den Skitouren. Als auf der grönländischen Eisplatte einmal Windstille herrschte, die einzige Quelle von Geräuschen außer uns schwieg, war es wirklich einmal vollkommen still. Ich hörte meinen Tinnitus lauter. Meine Ohren lauschten in die Leere hinein, trafen aber auf nichts, so wie meine Augen in der Weite um mich nichts fanden, was ihren Blick festhalten konnte. Es war ein seltsames Gefühl, so gar nichts, absolut gar nichts zu hören. Und auch nichts zu sehen, außer Weite. Wann passiert einem das schon?

Die Arktis hat mich für immer verdorben für Städte. Wenn ich nach den ersten Arktisaufenthalten nach München zurückkam, ging ich tagelang nicht aus der Wohnung, der Flughafen war schon zu viel, die ganzen Menschen, Geräusche, Gerüche, alles so unheimlich laut und viel und voll! Das merkt man erst, wenn man einmal alle Filter offen hatte. Wie viel unser Gehirn jede Minute arbeiten muss, um das Wichtige vom Unwichtigen zu trennen, in so einer Stadt. Seitdem ich glücklicherweise auf dem Land wohne, blendet mich das Grün, wenn ich zurückkomme, aber auf eine Weise, die dankbar macht. Wie voller Wunder unsere Welt doch ist, in ihrer Vielfalt.

Manchmal frage ich meine Gäste nach diesen Stilleminuten, was sie gehört haben. Es ist häufig erstaunlich, was dann alles an verschiedenen Sitzplätzen gehört wurde. Ein Brite antwortete einmal: »*I heard wilderness.*« Ich habe die Wildnis gehört. Ist das nicht wunderschön? Und nichts hält uns davon ab, solche Minuten auch mitten in Mitteleuropa zu suchen. Man muss einfach nur in einen Wald gehen, sich setzen und zuhören.

Trapperin auf Zeit

Immer, wenn ich irgendwo auf Spitzbergen eine Hütte sah, stellte ich mir vor, in einer solchen Hütte für eine Weile zu leben. Ein Jahr lang mindestens, auf jeden Fall durch Polartag und -nacht hindurch. Ich stellte mir das traumhaft vor: ein Leben, abgeschieden, abgeschnitten von der Welt, in dem das Dasein nur auf das Hier und Jetzt gerichtet wäre und sich alles ums Leben und Überleben drehen würde – Holz hacken, Feuer machen, jagen. Kein Fernseher, kein Internet. Niemand, der etwas von mir wollen könnte. Dazu diese Natur, die Stürme, das Licht. Es musste fantastisch sein, ein solch reduziertes Dasein zu führen. Mir war klar, dass es nicht einfach wäre, ab und an auch einsam, dass ich allerlei Fertigkeiten beherrschen müsste. Dennoch romantisierte ich mir da etwas zusammen; in meinem Überwinterungsbild werkelte ich den ganzen Tag in meinem eigenen Tempo und sehr zufrieden rund um die Hütte vor mich hin, am Abend wurde aus dampfenden Schüsseln in einer warmen Stube mit karierten Vorhängen gegessen. Almromantik mit dicken Wollpullovern, Wind und Polarlicht, irgendwie so.

Leider gibt es so gut wie keine Möglichkeit, ein solches Leben einmal auszuprobieren. Es gibt nur noch eine Hütte auf Spitzbergen, um deren Nutzung man sich bewerben kann, man muss dort dann ein Jahr lang jagend verbringen, denn das Ziel ist, die Tradition der Jagdstationen aufrechtzuerhalten. Mit 365 Tiefkühlpizzen anzureisen ist also keine Option. Der Bewerbungsprozess ist aufwendig, man weiß lange nicht, wer nun drankommt. Und natürlich, den Schritt, ein Jahr lang sein Zuhause, auch seine Arbeit und überhaupt alles zu verlassen – wirklich zu verlassen, denn es gibt ja kaum Kontakt –, den geht man nun auch nicht einfach so. Kurz, es wäre ein riesengroßes Projekt. Das Leben in einer arktischen Hütte blieb damit ein Traumgebilde.

Doch dann kam es wie so oft. »Hey, Birgit, hast du Lust, mit nach Farmhamna zu kommen, drei Wochen lang?«, fragte mich im Winter 2018 meine Polarfreundin Miriam. Miriam wohnte in Longyearbyen und arbeitete dort an der Universität. Farmhamna gehört nicht wie die meisten anderen Hütten Spitzbergens der Verwaltung; sie ist in Privatbesitz und gehörte damals noch Freunden Miriams, die einmal längere Zeit nach Süden in die Zivilisation wollten. Deshalb brauchten sie jemanden, der in dieser Zeit auf das Gelände aufpasste. Oder besser gesagt, mehrere Jemande hintereinander. Wie so oft fand ich keinen Grund, der dagegensprach, suchte allerdings auch nicht. Natürlich sagte ich Ja. So kam ich in den Genuss, meine arktische Almromantik mit der Realität zu vergleichen.

Anfang Mai landete ich in Longyearbyen. Es war genau diese Reise, auf der mein Handy in der Flughafentoilette in Oslo ertrunken war. Das Universum hatte wohl gehört, dass ich mich nach Abgeschiedenheit sehnte, und sagte mir damit: Wenn, dann richtig. Miriam holte mich vom Flughafen ab, und wir erledigten letzte Dinge. Farmhamna liegt an der Westküste Spitzbergens ein Stück nördlich des Isfjords, abgeschirmt durch die vorgelagerte Insel Prins Karls Forland. Der Plan war, dass wir ein Boot samt Fahrer mieteten, das uns dorthin bringen und gleichzeitig unsere Vorgängerinnen abholen sollte. Drei Wochen später sollte uns dann wiederum das Boot abholen, mit dem unsere Nachfolger anreisen würden. So weit, so gut.

An dem Tag, an dem wir nach Farmhamna fahren wollten, war es windig. Sollten wir die Fahrt wagen? Wir überlegten hin und her und beschlossen, es zu versuchen. Denn Farmhamna ist neben der vorgelagerten Insel auch noch geschützt durch eine Halbinsel, die sich dort wie eine Schnecke die Küste hinaufkringelt. Hohe Wellen waren aufgrund dieser Geografie nicht zu erwarten. Das war, wie immer auf Spitzbergen, ein ganz entscheidender Faktor: Denn die Fahrt mit dem Boot war nur die halbe Miete. Man musste von dem Schnellboot, genauso wie von Segel- oder Kreuzfahrtschiffen, ja auch noch an Land kommen, in einem Schlauch- oder anderen Boot mit wenig Tiefgang. Wenn sich meterhohe Wellen am Strand brechen, ist das keine gute Idee.

Verhalten zuversichtlich brachten wir unseren ganzen Krimskrams und zwei Hundeboxen mit Gaia und Vind, Miriams Hunden, zum Hafen und luden alles auf das Boot. Timon, ein Freund Miriams, begleitete uns. In dem geschlossenen Motorboot ging es dann aus dem Adventfjord hinaus und durch den Isfjord zum offenen Meer. Am Ausgang des Isfjords begann das Boot heftig durch die Wellen zu krachen, und wir wurden auf unseren harten Sitzen ordentlich herumgeschleudert. Das war schon mal nicht so richtig romantisch. Als wir nach ein paar Stunden durchgerüttelt in die Bucht einfuhren, schauten wir zum Ufer und sahen wie erwartet nur wenig weiße Spritzer. Was wir aber spürten, war der starke Wind, der wie durch einen Tunnel vom Land aufs Meer hinaus wehte und das Wasser vor sich hertrieb. Dieser Wind sollte uns dann doch zum Verhängnis werden.

Eine der beiden Frauen, die vor uns die Hütte gehütet hatten, wollte in einem kleinen Fiberglasboot mit zwei Holzpaddeln zu uns herausrudern. Dann sollten wir mit all unserem Hab und Gut an Land paddeln und schließlich die zweite der Frauen und deren Gepäck wieder zum Motorboot bringen. Anders ging es nicht mit dem kleinen Boot und all den vielen Sachen. Weil nun aber das Motorboot in einem für uns überraschend großen Abstand zum Ufer ankerte und der Fahrer sich auch nicht erweichen ließ, wenigstens ein bisschen näher ranzufahren, musste Charlie, die das Ruderlos gezogen hatte, eine sehr weite Strecke rudern.

Damit wartete wieder einmal eine Lektion auf uns. Unzählige Male war ich auf Spitzbergen schon von Schiffen an Land gefahren, in Schlauchbooten mit Motoren. Und oft hatten wir es als Riesenleistung empfunden, wenn uns das gelungen war, bei widrigen Bedingungen. Jetzt lernte ich, dass man zwar, ja, schon, Boot fahren können musste mit unseren Schlauchbooten. Dass aber vor allem der Motor etwas leistete.

Denn nun mussten wir tatenlos zusehen, wie Charlie sich abmühte und ruderte und ruderte, aber vom Wind so schnell abgetrieben wurde, dass es ihr völlig unmöglich war, uns zu erreichen. Das Boot war an einer Leine befestigt, die Jessica an Land festhielt. Zum Glück, denn sonst hätten wir Charlie wenig später in Grönland besuchen können.

So lief es früher immer! Die Walfänger, Nansen, Amundsen, Shackleton und wie sie alle hießen waren so unterwegs gewesen, sie hatten keine kräftigen Außenborder, nur kräftige Oberarme. Schon lange dachte ich, dass es zu Zeiten der Entdecker und durchaus auch einiger Entdeckerinnen eine geradezu überirdische Leistung gewesen war, viele der Startpunkte arktischer oder antarktischer Expeditionen überhaupt zu erreichen, es überhaupt unter Segeln über alle sieben Meere und schließlich an Land zu schaffen. Nun sah ich, wie recht ich damit hatte und wie kläglich wir im Begriff waren zu scheitern, ohne all die Hilfsmittel, an die wir gewöhnt waren. Über Funk redeten wir mit der völlig atemlosen Charlie, die es immer und immer wieder probierte, aber immer wieder mit dem gleichen Ergebnis.

Was also tun?

Das Schnellboot konnten wir nicht bewegen, und wir konnten ihr ja nun schlecht entgegenschwimmen, bei drei Grad Wassertemperatur.

Oder vielleicht doch? Miriam hatte einen Kajakanzug dabei. Der hoch motivierte Timon bot an, sich diesen anzuziehen und mit einer Leine zum Paddelboot zu schwimmen. Man muss dazu wissen, dass ein solcher Anzug nur einen Kragen, aber keine Kapuze hat, und auch keine Handschuhe. Es ist ja kein Überlebensanzug. Das störte Timon nicht. Sein Ziel war, das Paddelboot rechtzeitig zu erreichen, damit wir es an der Leine zum Motorboot ziehen konnten. Gesagt, getan. Charlie startete noch einmal von ihrem Ausgangspunkt, gleichzeitig schwamm Timon bei uns los. So sahen wir dabei zu, wie beide sich gegen die Wellen und den Wind abmühten, sich erst näher kamen, dann aber parallel zueinander abdrifteten. Die Kurven, in denen sie sich bewegten, das war deutlich, würden sich nie überschneiden, sie konnten sich einfach nicht erreichen, der Wind und die Strömung waren zu stark.

Wir zogen Timon an der Rettungsleine zurück an Bord, damit er nicht unterkühlte. Stundenlang hatten wir es nun probiert und mussten aufgeben. Wir mussten einsehen, dass es heute einfach nicht möglich war, hier an Land zu kommen. Das Ziel so nah und doch so fern. Unverrichteter Dinge fuhren wir nach Longyearbyen zurück.

Am nächsten Tag hatte sich der Wind etwas beruhigt, und wir versuchten es ein zweites Mal. Diesmal funktionierte es. Charlie paddelte zu uns heraus, sie schaffte es auf Anhieb zum Motorboot, und wir konnten in mehreren Fuhren unsere Habseligkeiten an Land bringen, während Charlie und Jessica die ihren aufs Boot transportierten. Als all das erledigt war, standen Miriam und ich am Ufer und sahen zu, wie sich das Boot langsam in Bewegung setzte und aus dem Naturhafen hinausfuhr. Dann waren wir allein.

Nun, nicht ganz allein. Denn diese ganze Aktion war begleitet worden von durchdringendem Hundegeheul. Vor der Hütte standen in einigem Abstand voneinander fünf Hundehäuschen in einer Linie, fünf Augenpaare schauten nun gespannt auf uns. Wer seid ihr? Was macht ihr hier? Geht ihr mit uns Schlitten fahren? Das schienen diese Blicke zu fragen. Aufgeregt liefen die Hunde um ihre Häuschen herum, sprangen auf die Dächer und klirrten mit ihren Ketten. Die Hunde waren einer der Gründe, warum während der Abwesenheit der Hüttenbesitzer immer jemand hier sein musste. Mit ihnen sollten wir uns in den nächsten Tagen beschäftigen, das war der Teil der Arbeit, auf den ich mich am meisten freute.

Wir begrüßten die Tiere einzeln, wurden so ungestüm angesprungen, dass wir beinahe umfielen, und damit so herzlich willkommen geheißen auf diesem kargen Stückchen Land, wie das einfach nur Hunde können. Gaia und Vind bekamen ebenfalls einen Platz, besonders Gaia, die Arme, war sichtlich froh, wieder an Land zu sein; sie würde wohl nie zur Seefahrerin werden. Ich fühlte mit ihr.

Wir wuchteten unser Gepäck hinauf zur Hütte, in der es behaglich warm war; im Herd knisterte noch das Feuer, das Charlie und Jessica gemacht hatten. Die Hütte war einfach, aber sehr gemütlich eingerichtet. Neben dem Eingang stand der mit Holz zu befeuernde Herd, dahinter befand sich der Küchenbereich. Von dort konnten wir durch große Fenster die Reihe der Hundehäuser überblicken, in deren Hintergrund sich spitze Berge mit Gletschern aufbauten. Herd und Küche nahmen etwa die Hälfte des Raums ein, in der anderen Hälfte waren in die beiden Ecken Bettsofas gezimmert, auf denen viele Kissen und Decken lagen. Dazwischen stand vor weiteren Fenstern ein Esstisch. In einem zweiten Raum waren die Betten untergebracht, zur rechten zwei Einzellager und hinter einer Trennwand ein Doppelbett. Für eine Spitzbergenhütte war das alles riesig und luxuriös.

Wir machten uns ans Auspacken, wollten aber bald wieder hinaus und den Rest des Geländes inspizieren. Hinter der Hütte war ein Hundezwinger, daneben stand ein Schuppen, in dem sich der Generator befand. Den allerdings sollten wir nur anwerfen, wenn das Windrad nicht genügend Strom lieferte, das sich ein Stück entfernt auf einem Felsen munter vor sich hin drehte. Daneben gab es noch einige andere Gebäude mit allerlei Gerätschaften. All das stand vor einer Spitzbergen-Panoramatapete. Farmhamna war auf der vorgelagerten Landzunge so platziert, dass man vom Gelände hinüberblickte auf die Gletscher der Westküste Spitzbergens, die zwischen den namensgebenden spitzen Bergen herabflossen. Je nach Tageszeit gleißte das Sonnenlicht blendend silbern von den verschneiten Hängen zurück oder malte sie in weiche Pastelltöne. Es war gerade noch Winter: Die Tundra war schneebedeckt, aber deutlich kündigten schon schneefreie Flecken den Beginn der Schmelzperiode an.

Wir fütterten die Hunde und sammelten ihre Hinterlassenschaften ein – ein profaner Part der Schlittenhundearbeit, der mir neu war –, und damit hatten wir für heute genug erlebt. Wir kochten unser Abendessen.

In der Hütte gab es kein fließendes Wasser, alles Wasser musste aus einem nahen See geholt werden, besser gesagt einem Tümpel, der sich auf der Tundra gebildet hatte. Über dem Spülbecken der Küche hing ein Kanister, den es immer wieder zu befüllen galt. Es gab auch keine Kanalisation, das Abwasser der Küche wurde in einem anderen Kanister aufgefangen, der immer wieder geleert werden musste.

Hier waren sie also, die alltäglichen Aufgaben, die das Leben in einer Hütte bestimmten und von denen ich mir vorgestellt hatte, dass ihre Ausführung zu Seelenfrieden und Ausgeglichenheit führen möge. Wir würden sehen. In der ersten Nacht schlief ich tief und traumlos.

Am nächsten Morgen fütterte Miriam die Hunde, während ich das Feuer im Herd wieder in Gang brachte. Und nun erinnerte ich mich an das grandiose Buch Christiane Ritters mit dem Titel *Eine Frau erlebt die Polarnacht* und ihren darin beschriebenen ersten Versuch, in der deutlich bescheideneren Hütte im Woodfjord das dortige »Ofenbiest« anzuheizen. Denn auch hier qualmte es erst einmal ordentlich, aber Feuer gab es keines. Ich heizte zu Hause fast nur mit Holz; wie man Feuer machte, wusste ich. Das war dem Ofen aber egal. Irgendwann knisterten dort dann aber doch helle Flammen. Bis der Kaffee auf dem Tisch stand, verging eine gute Stunde.

Als Tagesaufgabe hatten wir uns für heute Wasserholen vorgenommen. Der Tümpel lag etwa 300 Meter von der Hütte entfernt, es ging ein bisschen bergauf dorthin. Wir luden zwei Kanister auf den orangefarbenen Schlitten und nahmen außerdem tatkräftige Unterstützung mit: Drei Hunde sollten uns helfen, die schwere Last wieder zurückzuziehen. Mit hängenden Zungen, freudigen Augen und wedelnden Schwänzen flitzten sie an ihren Leinen um uns herum, dass es uns nur so hin und her ruckte an unseren Geschirren. Am Tümpel angekommen, banden wir sie fest und machten uns ans Befüllen der Kanister. Der Tümpel allerdings war halb gefroren. In einigem Abstand vom Ufer ragte ein Holzstab aus dem Eis, der die Stelle markierte, an der Charlie und Jessica Löcher ins Eis geschlagen hatten. In den letzten Tagen war es warm geworden, ungewöhnlich warm leider schon, viel Schnee war geschmolzen, und das Eis auf dem Tümpel sah gräulich aus. Gräuliches Eis ist nun nicht das vertrauenswürdigste, und wir wussten nicht, wie tief dieser See war. Aber was sollte es, wir brauchten Wasser. Wir tapsten also auf das Eis und versuchten, an dem Loch so viel Wasser wie möglich in die Kanister zu füllen. Vielleicht war das mein größter Wirklichkeitsabgleich. Denn wenn man nun – ähnlich dem kristallklaren Quellwasser auf einer Alm – arktisches Wasser erwartete, das so rein war wie die arktische Luft, bot sich uns hier ein ganz anderes Bild: Es gibt auf Spitzbergen nicht wenige Rentiere, und die Hütte stand deswegen an diesem Ort, weil hier gute Jagdgründe waren. Viele Rentiere ästen hier also nicht nur die Tundra ab, sondern kackten auch kolossale Mengen Köttel in sie hinein. Was nun für die Tundra willkommene Nährstoffe in dieser kargen Welt waren, bedeutete für uns Kolibakterien. Wir bemühten uns, wenigstens keine Köttel in den Kanister zu füllen.

Zwischendurch schauten wir uns immer wieder um, eine von uns stieg immer wieder auf eine kleine Anhöhe, um nach Bären zu suchen. Das Kanisterfüllen dauerte auf diese Weise viel länger als gedacht, schließlich aber waren sie voll und auf den Schlitten gespannt.

Das erste Stück zogen wir den Schlitten zusammen, Miriam und ich und die Hunde. Das erwies sich als ein sehr unübersichtliches Unternehmen, außerdem konnte so niemand nach Bären schauen. Also änderten wir die Strategie, ich bildete zusammen mit den Hunden das Zuggespann, Miriam passte von einer erhöhten Position aus auf.

Wir hatten einige Zeit gebraucht, um den Schlitten und die Ladung zu justieren, und derweil war der Schlitten wohl an dem warmen Schnee festgepappt. Jedenfalls tat er nicht den kleinsten Ruck, als ich in meinem Geschirr an ihm zog. Die Hunde schauten mich mit freudigsten Augen an, sprangen auf und ab, zogen aber nicht. Miriam begann das Ganze zu filmen und lachte ihr schönes Miriam-Lachen, weswegen ich dann noch weniger Zugkraft hatte. Ich stemmte mich so in mein Geschirr, es ging aber absolut nichts, und so fiel ich irgendwann um, und die Hunde sprangen auf mich und schienen mich schwanzwedelnd auszulachen. Was musste ich für ein seltsames Tier für sie sein, begriff ich doch nicht, dass der Schlitten feststeckte, und fiel beim Ziehen um! Wie kam es nur, dass diese Zweibeiner immer das Futter hatten, obwohl sie doch so wenig konnten? Das schienen die Hunde zu denken, und ich fühlte mich tatsächlich ein wenig beschämt vor diesen Tieren, die so viel geschickter waren als ich. Auf jeden Fall hatten sie Spaß.

Mit vereinten Kräften setzten wir den Schlitten dann doch in Gang, nun durfte ich aber nicht stehen bleiben, wenn ich nicht wieder stecken bleiben wollte. Die Schlittenhunde hatten hier einen entscheidenden Vorteil im Vergleich zu mir, sie hatten vier starke Pfoten und ich zwei Gummistiefelbeine. Ich schlug mich als vierter Hund noch relativ wacker, bis wir zu der Geländestufe kamen, über die wir nun nach unten mussten. Die Hunde sprangen laut bellend den Abhang hinab, viel weiter, als ich mit dem Zuggeschirr zu sprinten in der Lage war, die Hunde zogen viel zu schnell für mich armes Menschenkind, und so landete ich lang gestreckt auf dem Bauch und versank im Pappschnee wie zuvor der Schlitten. Ich lag bäuchlings im Schnee und lachte so sehr, dass sich mein Mund mit Schnee füllte, und wieder feierten die Hunde ein Fest, diesmal auf meinem Rücken. Was für spaßige Aufpasser wir diesmal haben!, das schienen sie zu bellen.

Wir schafften es irgendwann doch bis zur Hütte. Damit war aber erst die halbe Arbeit getan, denn nun mussten wir die Kanister ins Haus wuchten, das Wasser auf dem erst wieder neu zu befeuernden Ofen abkochen und in saubere Kanister umfüllen. Wasserholen wurde dadurch tatsächlich beinahe zur tagesfüllenden Aufgabe. Und das Wasser sehr, sehr wertvoll.

Noch heute erinnere ich mich oft daran, wenn in unserer Küche das Wasser läuft, wenn ich Gemüse wasche oder ein paar Teller abspüle, welch wertvolle Ressource Wasser ist und welch ein Luxus es ist, einen Hahn aufdrehen zu können und einfach so unerschöpflich scheinendes Wasser in beliebiger Menge und mit beliebiger Temperatur zu bekommen, und das auch noch trinkbar. Farmhamna, aber auch meine Aufenthalte in Grönland haben mich gelehrt, wie wenig selbstverständlich das ist.

Für Mai war es ungewöhnlich warm und sonnig. Wir konnten beinahe zusehen, wie der Schnee immer weniger wurde. Das bescherte uns eine weitere Aufgabe: Wir mussten Drainagen rund um die Hütte graben. Der Permafrostboden Spitzbergens nimmt wenig Wasser auf. Wenn der Schnee schmilzt, steht erst mal überall Wasser. Um die Hütte herum wurde es demnach immer nasser, auch in dem angrenzenden Hundezwinger. Also packten wir Spaten und zogen Schmelzwasserkanäle rund um die Gebäude, was auch wieder nicht so einfach war in dem Schnee und gefrorenen Boden. Es gluckerte und tropfte, plitscherte und platschte. Hatte ich mich in meinen Vorstellungen mit dampfender Teetasse in der Sonne sitzen und lesen sehen, ahnte ich nun, dass dies die selteneren Momente werden würden.

Doch das Licht enttäuschte mich nicht. Abends ging ich oft noch hinaus, mit oder ohne Kamera. Bei jedem Blick aus dem Fenster war die Stimmung eine andere. Es war faszinierend, sich an diesem Ort so lange aufhalten zu können. Es fühlte sich auch nicht einsam an, denn die Hunde standen, sobald sie das Öffnen der Türe hörten, erwartungsvoll parat und begannen ihr Heulen. Die Hunde waren hier unsere Gesellschaft, wir gaben ihnen Futter und sie uns Freude.

Aber noch etwas würde schwierig werden: in dieser Schmelzlage mit den Hunden Schlitten zu fahren. Besorgt blickten wir in Richtung Gletscher, zu dem wir einen Ausflug machen wollten, irgendwann. Doch immer mehr braune Stellen machten sich breit, die Tundra kam immer mehr zum Vorschein und ließ den Schnee noch schneller schmelzen.

Nun wollten wir aber doch den Hunden ihren Sport verschaffen und außerdem auch uns selbst einmal etwas weiter weg von der direkten Hüttenumgebung bewegen. An einem der nächsten Tage beschlossen wir also, es zu versuchen. Als wir die Ausrüstung und den Schlitten vorbereiteten, heulten die Hunde noch lauter als sonst; sie begriffen sofort, dass es nun an eine Schlittentour ging. Red, das große rote Knäuel aus Glück und Liebe, biss vor lauter Aufregung extragroße Stücke aus seinem Häuschen. Als wir sie von ihren Ketten nahmen, mussten wir sie mit aller Kraft festhalten, um sie in den Schlitten einzuschirren. Dabei sprangen sie auf und ab, und wenn man nicht aufpasste, wurde man gleich mehrmals recht nass geküsst. So sah große Begeisterung aus.

Sieben Hunde spannten wir an, packten uns Essen und Trinken ein, und dann ging es los. Doch leider wurde es ein recht schwieriges Unterfangen. Die Umgebung war ein Flickenteppich aus Schnee und Tundra. Und leider liefen die Hunde nicht automatisch auf den Schneestücken, was ich überraschend fand – Miriam natürlich nicht, sie kennt sich aus mit Hundeschlittenfahrten. Wir mussten also ständig Kommandos geben, links, rechts, stopp, weiter. Mussten den Schlitten ein ums andere Mal von der Tundra wieder auf den Schnee wuchten, anschieben, mithelfen. Wir hatten uns vor dieser Reise vorgestellt, mit dem Schlitten die Küste entlangzufegen und schöne Erkundungsfahrten zu unternehmen. Das sollte aber nur immer noch schwieriger werden, mit fortschreitender Schmelze. Wie schade war es um unsere Touren, die wir uns so schön ausgemalt hatten. Wir setzten uns auf den Schlitten, aßen unseren Proviant, tranken unseren Tee und machten uns dann auf den Rückweg über den Irrgarten an Schneefleckchen. Die Hunde waren wohl genauso enttäuscht wie wir, dass der Ausflug nicht länger dauerte. Ob sie sich daran erinnerten, dass jedes Jahr irgendwann die letzte Tour durch den Schnee kam? Und wussten, dass es jetzt so weit war? Als wir zurück an der Hütte angelangt waren, hakten wir sie aus dem Schlittengespann aus und machten sie wieder bei ihren Häuschen fest. Sie rollten sich vor oder in den Häusern zusammen, aber man konnte sie beinahe seufzen hören und ihnen deutlich ansehen, dass sie von dieser lächerlichen Entfernung – wir waren höchstens zehn Kilometer gefahren – auf keinen Fall ausgelastet waren. Doch es half nichts. Ohne Schnee kein Schlitten.

Red sprang auf sein Häuschen und biss ins Dach. Er hatte mittlerweile so viel aus dem kleinen Holzkästchen herausgebissen, dass wir uns für den nächsten Tag vornahmen, seine Unterkunft zu reparieren.

Warm und beinahe windstill war es an diesem Tag gewesen. Das hatte auch zur Folge, dass sich das Windrad wenig gedreht hatte, das Farmhamna mit Strom versorgte. Also mussten wir nun den Generator aus dem Schuppen wuchten und die Batterien wieder aufladen. Dazu mussten wir mehrmals raus und rein, in den Anbau und wieder zurück. Ich stellte dabei fest, dass wir immer nachlässiger wurden, was den Bärenschutz anging. Es war einfach so umständlich, immer dieses schwere Gewehr mitzuschleppen, selbst wenn man nur kurz rauswollte. Dabei wussten wir genau, dass wir eben auch bei diesen Gängen nicht unachtsam sein durften. Denn es konnte sich jederzeit ein Bär an unsere Gebäude annähern, und wenn man um eine Ecke bog, konnte dahinter einer sitzen. Und erschrecken. Die Hunde waren hier kein Garant oder Meldesystem. Etliche Male hatten sie geheult und waren aufgeregt herumgesprungen an ihren Ketten – etliche Male hatten wir das als Bärenmeldung interpretiert. Aber dann war es doch nichts, oder ein Rentier, oder ein Vogel, oder einfach die Lust am Herumheulen, die Huskys wohl einfach innewohnt. Wie sie sich wohl benahmen, wenn wirklich ein Bär in der Nähe war? Würden wir den Unterschied merken? So verrückt, wie sie sich teilweise aufführten, bezweifelte ich das. Verlassen wollte ich mich jedenfalls nicht darauf, dass kein Bär in der Nähe war, wenn die Hunde ruhig waren.

Ich erinnerte mich auch noch gut an den Fall des Meteorologen, der auf Franz-Joseph-Land erst vor einigen Jahren ums Leben gekommen war. Er war aus der Hütte hinausgegangen, um in der etwa fünfzehn Meter entfernten Wetterstation die Messwerte abzulesen. Unbemerkt war ein Eisbär näher gekommen, der den Mann getötet hatte, wenige Meter vor der Tür. Hier wäre es für einen Bären ebenso ein Leichtes, uns zu überraschen. Ich ahnte, dass das bei mir ein Problem würde, wenn ich monatelang hier wäre. Ich könnte nicht bis zum letzten Tag gewissenhaft sein, das wusste ich genau.

Eine andere Aufgabe, die wir erledigen sollten, war, Häuschen für Eiderenten zu bauen. Etwas nördlich von Farmhamna war ein Strandabschnitt, den Eiderenten gerne nutzten, um dort ihre Eier abzulegen. Die Besitzer Farmhamnas durften, genauso wie die früheren Trapperinnen und Trapper, eine bestimmte Anzahl Eier einsammeln. Das machten sie allerdings nur, wenn genügend Eier gelegt wurden. Und sie durften auch die Daunen, die zarten Federn der Eiderenten, sammeln. Mit diesem körpereigenen Isoliermaterial kleiden die Eiderenten ihre Nester aus, damit die Eier immer gut temperiert sind und die kleinen Entlein sich darin gut entwickeln können.

Damit die Eiderenten auch weiterhin gern an diesen praktischen Ort nahe der Station kamen, machten wir es ihnen also so bequem wie nur möglich. Zu dem schon vorbereiteten Treibholz sammelten wir noch einiges dazu. Daraus bauten wir die Häuschen, wobei Häuschen ein wirklich großes Wort ist. Zwei Latten stellten wir in einem Winkel zueinander und stützten sie mit Steinen ab. Eine dritte Latte legten wir so darüber, dass sich eine kleine, überdachte Ecke bildete. So entstanden windgeschützte Entenstrandkörbe. Diese Bauten errichteten wir mit Vorliebe über bereits existierenden Nestresten. Kuhlen im Boden zeigten an, wo im Vorjahr schon Eiderenten gebrütet hatten.

Bei den Eiderenten baut das tundrafarbene und damit sehr gut getarnte Weibchen eben dieses Nest – es formt eine flache Mulde in der Tundra, die es mit den herrlich wärmenden Daunen füllt. Vier bis sechs Eier legt es dann dort hinein, setzt sich auf sie und geht so lange nicht herunter, bis die Küken geschlüpft sind, damit die Eier nicht auskühlen. Das dauert immerhin drei bis vier Wochen. So lange ernähren sich die Eiderentendamen ausschließlich von ihren Fettreserven. Die kleinen geschlüpften Entlein brauchen das Nest tatsächlich fast gar nicht; sehr schnell nach dem Schlüpfen folgen sie ihrer Mutter aufs Wasser. Das ist recht schlau als bodenbrütendes kleines Wesen, wenn man in einer Gegend aus seiner Schale schlüpft, in der es Füchse und Bären gibt, die ab und an eifrig Eier schlürfen und gerne knackige Küken futtern.

Das Sammeln ist also eine tierfreundliche Art der Daunengewinnung, weil man den Enten dabei nicht an die Flügel muss. Aber für ein Eiderentendaunenbett, das kann man sich sehr leicht ausmalen, braucht man dann schon so einige Entennester, und vielleicht noch ein paar mehr.

In der geschützten Bucht vor Farmhamna hatten wir in den Tagen zuvor schon Eiderenten ankommen sehen. Als Erstes entdeckten wir immer die Männchen, die ganz anders aussehen als die Weibchen; sie sind sehr auffällig schwarzweiß gefiedert. Eine große Rolle spielen sie aber, abgesehen von der Paarung, nicht. Sie bilden zwar manchmal jahrelang ein Paar mit einem Weibchen, aber sie beteiligen sich nicht am Brüten, bringen dem Weibchen kein Futter, und um die Küken kümmern sie sich auch nicht. Einzig in der Nähe bleiben sie eine Weile, dann sammeln sie sich im Pulk zum Mausern. In riesigen schwarz-weißen Gruppen schwimmen sie flink umher, ein toller Anblick.

Die also alleinerziehenden Eiderentenweibchen haben sich recht gut an diesen Zustand angepasst und formen Kindergärten, was recht außergewöhnlich ist im Tierreich: Einige Weibchen beaufsichtigen ganze Horden von Jungtieren, während die anderen Weibchen nach der entbehrungsreichen Brutzeit ungestört auf Nahrungssuche gehen können. Und so sieht man manchmal große Kükenansammlungen, begleitet von einigen eifrigen Entenweibchen; rührend sieht das aus. Zwischen 14000 und 28000 Brutpaare, schätzt man, gibt es heute auf Spitzbergen, im Winter ziehen sie nach Süden, nach Nordnorwegen oder Island.

Bei unseren Entenhausen-Bauarbeiten hielten wir immer wieder inne. Auch hier mussten wir ja wegen der Eisbären aufpassen, aber irgendwie hofften wir auch, dass vielleicht gleich eine Entendame heranwatscheln und eins der Häuschen beziehen würde. Das passierte natürlich nicht.

Wenn man ganz viel Glück hat, erspäht man in den Entengruppen auch mal eine seltene Prachteiderente, die, wie der Name schon sagt, prächtiger aussehen als die normalen, zumindest die Männchen. Ihre Stirn ist auffällig gewölbt und bunt, der Schnabel ist rot. Um Farmhamna herum fanden wir keine.

Bis zu unserer Abreise wurde keines der Häuschen bezogen. Vielleicht hat sich mittlerweile eine Prachteiderente dorthin verirrt, wir wissen es nicht. In den Häuslein hatten sie es hoffentlich schön warm, sodass aus allen Eiern kräftige Küken schlüpfen konnten.

So gingen unsere Tage dahin. Einmal versuchten wir noch, mit dem Tundrabuggy mit den Hunden am Strand entlangzufahren, vereinfacht ausgedrückt eine Hundekutsche mit riesigen Gummireifen, die wenig Schaden im Boden anrichten sollen. Aber für dieses Gefährt war der Boden stellenweise noch zu nass und weich, sodass wir auch das bald wieder unterließen, weil wir die Tundra ja nicht verletzen wollten. Hundebewegungstechnisch waren wir einfach zur falschen Zeit gekommen. Leider.

So gruben wir Drainagen, holten Wasser und kochten es ab, achteten auf die Stromversorgung und kuschelten mit den Hunden. Wir lasen dann doch viel oder spielten Dobble, ein Reaktionskartenspiel, bei dem Miriam mir haushoch überlegen war. Ein Jahr lang hierbleiben, durch Polartag und -nacht hindurch? Nun war ich mir nicht mehr so sicher, ob das wirklich ein Traum sein könnte.

Als der Tag des Abschieds kam, schaukelte das Speedboot in die Bucht. Miriam ruderte zu ihm. Wir setzten unsere Ausrüstung über und verabschiedeten uns von den Hunden. Das war der schlimmste Teil. Auf Wiedersehen zu sagen zu diesen bedingungslos fröhlichen und liebevollen Lebewesen, die uns hier so vorbehaltlos freudig willkommen geheißen hatten, die mit uns Wasser geholt und gelacht hatten, die von uns geherzt werden wollten und sich ungestüm an uns geschmiegt hatten, immer auf der Suche nach Liebkosungen. Lange umarmte ich jeden Einzelnen von ihnen, Red warf mich um, weil er auf meinen Schoß wollte, wie immer. Seine Hütte hatte er schon wieder halb aufgefressen, er schaffte Arbeit für unsere Nachfolger. Den Blick der Hunde, als wir davonruderten, den wachen, neugierigen Blick, mit dem sie uns nachschauten, neben und auf ihren Häuschen sitzend, werde ich nicht vergessen. Sie wussten genau, dass wir nun wegfuhren und nicht wiederkamen. Der Wind ließ meine Augen tränen.

Die Rückkehr der Krabbentaucher

Eine der schönen Eigenarten der Arktis ist, dass man nach bestimmten Dingen beinahe die Uhr stellen kann. Wann die Wale zurückkehren, wann bestimmte Blumen blühen, wann die Vögel wiederkommen. Leider verschiebt sich mittlerweile einiges davon und ist gewaltig durcheinandergeraten, aber davon später mehr.

Einmal durfte ich die Rückkehr der Krabbentaucher miterleben, ein ganz und gar faszinierendes und erstaunliches Spektakel. Die Krabbentaucher, nur etwa zwanzig Zentimeter große schwarz-weiße Vögel, die wenig mehr als eine Tafel Schokolade wiegen, überwintern nicht auf den kalten Inseln, so verrückt ist nur das Schneehuhn. Wie alle anderen Vögel fliegen die Krabbentaucher im Herbst nach der Aufzucht der Jungen gen Süden und kehren im Mai wieder zurück.

Nach unserer Zeit in Farmhamna verbrachte ich 2018 mit Miriam und ein paar anderen Freundinnen noch einige Tage in einer Hütte am Eingang des Bjørndalen, ganz am Ende der holprigen Piste, die aus Longyearbyen hinausführt. Neben der Hütte steigen steil die Klippen auf, die Hänge sind bedeckt mit allerlei Geröll verschiedener Größe. Solche Hänge sind ideale Brutgebiete für Krabbentaucher. Sie legen ihre Eier – jedes Paar eines – in Nester in den kleinen Vertiefungen oder Höhlen zwischen den Steinen, was ziemlich schlau ist für bodenbrütende Vögel, in einer Gegend, in der es Bären und Füchse gibt, für die so ein Krabbentaucher-Ei eine wunderbare Delikatesse ist – die aber mit ihren Schnauzen und Pfoten und Tatzen nicht in die Steinverstecke eindringen können. Die Krabbentaucher bilden in diesen Geröllhalden riesige Kolonien, die viele Tausend Vögel umfassen können.

Als wir Mitte Mai in der Hütte am Bjørndalen ankamen, war noch kein einziger Vogel zu sehen und zu hören. Es war still. Die für Spitzbergen so charakteristische Sommermelodie des allgegenwärtigen Vogelkreischens war noch nicht wieder erstarkt, noch herrschte eine windige Winterstille. Es war der 16. Mai.

Am nächsten Tag saßen wir in der Frühlingssonne auf der Holzterrasse und hörten auf einmal das typische Krabbentaucherkreischen. Wie elektrisiert sprangen wir auf, blickten umher und sahen bald Vögel auf den Hang zuflattern und umherfliegen, einige wenige anfangs nur. Staunend beobachteten wir, wie immer mehr und mehr und mehr Vögel ankamen; es schien beinahe, als würden sie wie ein Heuschreckenschwarm urplötzlich vom Himmel fallen, so unglaublich viele der kleinen Vögel waren es. Wo gestern noch nichts war, herrschte bald ein reges Treiben und Flattern und Hüpfen und Kreischen. Es dauerte keine vierundzwanzig Stunden: Bis zum 18. Mai hatte sich der Hang gefüllt mit den kleinen Wesen; ihr Gekreisch bildete nun wieder die Melodie der Küste. Es klang, als seien sie nie fort gewesen. Und damit war Sommer.

Mit den Krabbentauchern kamen die Füchse. Zumindest schon mal einer, denn von da an sahen wir jeden Abend und jeden Morgen einen Polarfuchs; er kam immer aus dem Bjørndalen und lief im Zickzack die Kolonie ab, den Hang von oben nach unten schwänzelnd abschnuppernd. Dann kam er zu unserer Hütte herüber, wo die Hunde, die draußen angebunden waren, jedes Mal in wildes Bellen ausbrachen. Den schlauen Fuchs ließ das vollkommen ungerührt, er verstand, was die Leine um den Hals der Hunde bedeutete. In beinahe respektlos geringem Abstand lief er an den jaulend kläffenden Hunden vorbei, die gegen ihre Bremsen ansprangen, blieb jedes Mal sogar kurz stehen und äugte zu uns herauf. Dann lief er weiter die Küste entlang Richtung Longyearbyen; vielleicht besuchte er ein Stück weiter noch die Seevogelkolonie am Campingplatz, bevor er sich auf den Rückweg machte und gegen Mitternacht wiederum unsere Hunde und die Krabbentaucher in Aufruhr versetzte.

Die Vogelgeräusche hatten eine merkwürdige Wirkung auf uns; war uns in der Stille deutlich bewusst gewesen, dass wir hier allein waren, dass die nächsten Menschen einige Kilometer entfernt wohnten, so hatten wir nun permanent Gesellschaft. Das Plärren und Rufen, das Geflatter über die Hütten hinweg gab uns das Gefühl, Teil von etwas zu sein.

Dass diese kleinen Vögel eine große Wirkung haben können, war mir auch schon früher aufgefallen, wenn ich mit Gästen Krabbentaucherkolonien beobachtet hatte. Denn mit kleinen, gut instruierten Gruppen kann man diese Kolonien tatsächlich vorsichtig besuchen und einen Eindruck davon bekommen, wie es sich als Krabbentaucher so lebt.

Die Krabbentaucher brüten an mehreren Orten auf Spitzbergen; man erkennt ihre Kolonien von Weitem, weil dort, wo die Vögel wohnen, die sonst dunklen Steine heller sind. Die Vögel selbst sind so klein, dass man sie erst aus der Nähe sieht. Wenn man die steilen Hänge nach oben kraxelt und sich an den Rand der weißen Steine setzt, stört man die Vögel nur kurz, im Idealfall gar nicht. Bewegt man sich dann nicht mehr und macht auch keinen Mucks, kann man wunderbare Beobachtungen und auch Fotos machen. Denn bald strecken die Vögel ihre Köpfe wieder aus den Höhlen, springen auf die spitzen Steine, ohne viel Angst vor dem bunten Tier zu haben, das sich da zu ihnen gesetzt hat. Kurz betrachten sie einen und haben gleich wieder ganz andere Interessen.

Die viele Tausend Tiere umfassenden Kolonien sind oft untergliedert in Subkolonien, die die Angewohnheit haben, sich immer gemeinsam auf den Weg zu machen. Die kleinen Meister im Synchronfliegen erheben sich alle auf einmal und brausen davon in einem Schwarm irren Geflatters, malen schwarze Wellen in den Himmel, die sie nach einigen luftigen Kapriolen an die Felsen zurückbranden lassen. Man muss ein bisschen den Atem anhalten, wenn diese großen kleinen Bewegungen so rings um einen geschehen, wenn es rauscht und kreischt und sich auf einmal anfühlt, als sei man selbst in der Luft und ein Vogel, so sehr ist der Himmel gefüllt mit all diesen kurzen Flügelschlägen. All das geschieht immer vor dieser gewaltigen Kulisse Spitzbergens, man schaut den Vögeln aus einem steilen Hang hinterher und überblickt weite Fjorde oder sieht Inseln in der Ferne. Fast schwindlig wird einem dabei. Stundenlang könnte ich in diesen Kolonien sitzen oder liegen.

Auf meinen ersten Reisen nach Spitzbergen konnte ich die Begeisterung mancher Kolleginnen und Kollegen für die Vogelwelt der Arktis nicht verstehen. Ich kannte die Vögel nicht, Vögel flogen oder saßen, das war es für mich. Je länger ich sie aber beobachtete, je mehr ich über sie lernte, umso mehr Respekt bekam ich vor ihnen. Wie sie hier überlebten, wie weit sie flogen. Langsam wuchs eine richtige Faszination für diese kleinen, bärenstarken Wesen in mir. Woher sie nur immer wussten, dass es genau jetzt wieder Zeit war, nach Norden zu fliegen? Wie sie auf dem weiten Weg über den Atlantik nie die Richtung verloren und zielgenau wieder an dem Vogelfelsen ankamen, der ihr Zuhause für den Sommer und ihre Kinderstube werden sollte? Wir Menschen brauchen für Vergleichbares so viele Hilfsmittel. Die kleinen Vögel fliegen einfach.

Auf einer der letzten Reisen sagte eine Frau zu mir, sie habe es anfangs nicht verstanden, wenn ich immer so begeistert auf bestimmte Vögel hingewiesen hatte. Nach einigen Tagen habe aber auch sie einen ganz anderen Blick auf diese Tiere gewonnen, begriffen, was es für eine Leistung für diese kleinen Wesen war, überhaupt hier zu sein. Ich freute mich sehr darüber, weil sich die Naturwahrnehmung dieser Frau für immer verändert hatte.

Die weiße Insel

Ich schaue mich um, meine Augen tränen vom Wind und vom Regen, der mir ins Gesicht nadelt; ich fahre mir mit dem Handrücken, an dem die Handschuhe extra einen Wildledereinsatz haben, über die Augen und wische das Wasser fort; ich erkenne den gelben Strand und den nebligen Regen, der gemischt mit Gischt darüber hinwegzieht; ich sehe das Eis dahinter, von dem eine Kälte abstrahlt, die mir in die Knochen kriecht. Unter meinen Stiefeln knirschen spitz die Steine, die auf den rötlichen Felsen liegen, über die ich mit großen Schritten hinwegsteige, vor mir auf dem Boden liegt ein bemooster Eisbärschädel, mich feucht glänzend anbleckend. Ich bleibe stehen und drehe mich nach dem Schiff um, das ich nur noch verschwommen sehen kann im Regennebel, schwer atmend schaue ich noch einmal über diesen ganzen Ort, der kalt nach meiner Seele greift, und mit einem Entsetzen, das ich noch an keinem dieser verlassenen Plätze empfunden habe, beschleicht mich eine grausige Gewissheit. Jetzt weiß ich, woran sie gestorben sind.

Ich stehe am Andréeneset, einem der ganz wenigen eisfreien Orte Kvitøyas, der östlichsten Insel Spitzbergens. Kvitøya bedeutet »weiße Insel«; sie heißt so, weil sie beinahe völlig vergletschert ist, rundherum fließt das Eis von ihr herunter ins Meer, sodass sie einer auf dem Wasser schwimmenden Linse gleicht, die an den Rändern immer flacher wird. Noch ist das so, aber auch hier bricht immer mehr des Eises an den Rändern ab, schmilzt immer mehr von der Eisdecke weg, sodass bald hässliche schwarze Klippen durch das Blau blecken werden, und dann wird die Linse keine Linse mehr sein. Aber solange sie es noch ist, sieht Kvitøya viel mehr aus wie die Inseln des zu Russland gehörenden Franz-Joseph-Landes als die Inseln des spitzbergigen Spitzbergens, auch ist die Verlassenheit, die sie verströmt, auf Spitzbergen sonst nirgends auf diese Weise zu spüren. Doch die tiefe, große Faszination dieses Eilands liegt für mich nicht nur in seiner besonderen Lage und seinem spannenden Aussehen. Sondern eben in der Geschichte, die sich hier zugetragen hat.

Es gibt viele Berichte von Expeditionen, spektakuläre, heroische und tragische. Aber alle Menschen, die Abenteuergeschichten lieben, haben wohl einen Favoriten. Meiner ist die Geschichte der Andrée-Expedition, der tragisch gescheiterte Versuch, im Jahr 1897 den Nordpol mit einem Wasserstoffballon zu erreichen. Vielleicht, weil sie so viele verschiedene Facetten hat, weil so viel in ihr steckt: Pioniergeist, Tollkühnheit, Mysterium – und sogar eine Liebesgeschichte, die herzzerreißender nicht sein könnte. Dieser Ort, der so schwierig zu erreichen ist, ist nur der letzte Baustein, der dieses Abenteuer zu einer Geschichte macht, die meine Gedanken kreisen lässt wie kein anderer der vielen Expeditionsberichte. Diese Geschichte begann im Nordwesten Spitzbergens, setzte sich fort im Polarmeer und endete schließlich hier, beinahe in Russland, auf einer Insel, die häufig immer noch ganzjährig vom Eis eingeschlossen bleibt. Ein schwieriger Ort.

Wenn man wie wir mit einem Segelschiff nach Kvitøya will, muss alles passen, das Eis, die Winde, das Wetter, und selbst dann ist es noch ein richtiges kleines Abenteuer, sich bis hierher zu wagen. An jenem 3. Juli 2016 war es für uns so weit, und nun stehe ich hier, an jenem Endpunkt, von dem niemand genau weiß, was sich hier wirklich zugetragen hat.

Am 6. Oktober 1897 kamen Salomon Andrée, Nils Strindberg und Knut Frænkel hier an, nachdem ihr Ballon aufs Eis gestürzt war, nachdem sie versucht hatten, zu Fuß zuerst nach Franz-Joseph-Land und dann nach Spitzbergen zu gelangen. Aber das Eis wollte nicht so wie sie, und so spülte es sie ausgerechnet hier, auf diesem eisfreien Landzungenstück, auf die Insel, die sich, was die Hoffnungslosigkeit des Lebens darauf betraf, nur insofern von den Eisschollen unterschied, dass sie nicht auseinanderbrechen konnte. Es war Land. Aber was für eines.

Bereute Andrée hier, dass er den Start des Ballons nicht abgebrochen hatte?

Am 11. Juli 1897 war der Wasserstoffballon, der den Namen *Örnen*, Adler, trug, in Virgohamna auf der Danskøya im Nordwesten Spitzbergens aufgestiegen, drei starke Taue hingen von dem Ballon hinab, an den Seiten prangten Segel. Die Schlepptaue sollten dem Ballon Bodenkontakt und damit einen Widerstand verschaffen, sodass er mit den Segeln gelenkt werden konnte – ganz wie ein Segelschiff. So wollte Andrée den Ballon bis zum Nordpol manövrieren und dann weiter nach Russland. Das war die Idee. Getestet hatte er das auf einigen wenigen Ballonfahrten in Schweden, die seine Theorie nicht bewiesen hatten.

Beim Start in Virgohamna erwischten katabatische Winde den Ballon, er wurde aufs Wasser gedrückt und drohte abzustürzen, gewann dann aber doch wieder an Höhe, auch weil die drei Männer in dem Korb beinahe 700 Kilo Ballast abwarfen. Die Steuerleinen aber verdrehten sich und schraubten sich selbst aus den Halterungen. War Andrée entsetzt, als er feststellen musste, dass die Basis seines Plans, die Steuerleinen, verloren war?

Salomon August Andrée war von Kindheit an wissbegierig und intelligent gewesen, Probleme zu lösen gefiel ihm, und stur war er auch. So beschrieb ihn seine Mutter. Lag es an diesem Charakter, dass die *Örnen* nicht, wie alle in Virgohamna zurückgebliebenen Helfer erwarteten, auf der nur wenige Hundert Meter entfernten Insel Amsterdamøya landete? Ein systematisch vorgehender, wenig spontaner Mensch sei Andrée gewesen, heißt es auch. Das Unternehmen hatte begonnen, nun sollte es auch zu Ende gebracht werden? Oder lag es daran, dass Andrée nichts so sehr fürchtete wie einen erneuten Gesichtsverlust, wollte er lieber eine tollkühne Reise ins Ungewisse beginnen, anstatt sich dem Spott von Wissenschaft und Kollegium auszusetzen? Wie scharf dieser sein konnte, das wusste er; seit dem Ersten Internationalen Polarjahr 1882/83 saß ein tiefer Stachel in ihm. Bei diesem Projekt, einer weltweiten wissenschaftlichen Kooperation, die es auch heute noch gibt, wurden rund um den Polarkreis insgesamt vierzehn Forschungsstationen errichtet, die ein Jahr lang durchgehend Daten sammeln sollten. Andrée war Teil der schwedischen Station auf Spitzbergen, doch fühlte der Ingenieur sich minderwertig im Vergleich mit den Forschern, es mangelte ihm sowohl an theoretischem als auch wissenschaftlichem Hintergrund, und so wurde manche seiner Ideen verlacht. Überdies hatte er sich verrechnet, was den Kerosinbedarf für ein Jahr anging, und so musste der wertvolle Treibstoff, der auch für Licht sorgte, in der zappendusteren Polarnacht rationiert werden. Sein schlechtes Verhältnis zu einigen der Forscher verbesserte das auch nicht. Andrée kehrte geprügelt aus der Arktis zurück und entwickelte bald den Trotz und das Bedürfnis, es allen zu zeigen: dass er jemand war, dass er etwas konnte.

Brach er deswegen den Start nicht ab? Wollte er nicht wieder als Gescheiterter zurückkehren?

Mit ihm im Ballonkorb waren Nils Strindberg und Knut Frænkel. Strindberg, gerade einmal vierundzwanzig Jahre alt, hatte sich kurz zuvor mit seiner Freundin Anna Charlier verlobt, in die er sehr verliebt war. Sicher wieder nach Hause zurückzukommen sollte wohl in seinem Interesse gewesen sein. Ob die drei in dem Korb diskutierten, stritten oder stillschweigend übereinkamen, das Unternehmen nicht abzubrechen, ist nicht überliefert. Strindberg warf einen letzten Brief an seine Anna in einer Blechdose über der Insel Fuglesongen ab, die bis heute nicht gefunden wurde. Über Fuglesongen sahen alle an der Expedition Beteiligten, die in Virgohamna zurückgeblieben waren, die *Örnen* schließlich in Nebel und Wolken verschwinden.

3700 Kilometer Reise lagen vor der *Adler*, in sechs Tagen wollten die Männer die Strecke zum Pol und weiter nach Russland zurücklegen. Doch es sollten beinahe drei Monate vergehen, bis die Männer wieder festen Boden unter den Füßen hatten, und russischer war es nicht.

Dort, wo die drei ihr letztes Lager auf Kvitøya errichteten, steht heute ein massives, schlicht gehaltenes Monument; es ist ein Betonblock, in das ein Messingschild eingelassen ist, drei Namen und die Jahreszahl 1897 stehen darauf. Das Monument hilft, in dieser Öde den richtigen Ort schnell zu finden. Und schnell wollen wir sein, Kvitøya ist eine Bäreninsel, viele Eisbären sind hier unterwegs, und wir können uns glücklich schätzen, dass nun gerade keiner zu sehen ist. Der Regen läuft an dem Schild hinab, als ich vor dem Denkmal stehe, die Tropfen platschen gegen die Mauer, genauso wie auf die durchtränkte Krempe meiner Kapuze. Ich nehme mein Gewehr von der Schulter und lehne es gegen das Monument. Jahrelang hatte ich mir diesen Augenblick vorgestellt. Wie es sein würde, hierherzukommen. Kvitøya, dieser Name war für mich zu einem seltsam in mir nachhallenden Wort geworden. Nun bin ich hier. Ich ziehe meinen Handschuh aus und lege meine Hand auf die Metallplatte. Eisig nasse Kälte fließt in meine Finger. Ich fahre über die Reliefs der drei Namen und halte inne. Einen kurzen Moment nur, dann ziehe ich den Handschuh wieder an, blicke einmal rundherum, mit und ohne Fernglas. Über Funk melde ich dem Schiff, dass keine Bären in Sicht sind, dass die Gäste kommen können. Bis sie hier sind, wird es noch eine Weile dauern, ich nehme mein Gewehr wieder auf und schreite langsam über die knirschenden Kiesel, zurück in der Zeit.

Andrée musste gewusst haben, dass sein Vorhaben wenig Chancen hatte. Doch hatte er jahrelang Sponsoren belagert, den schwedischen Polarforscher Adolf Nordenskjöld von seinem Plan überzeugt und 1895 seinen »Vorschlag für eine Polarexpedition mit einem Ballon« der Königlich Schwedischen Akademie der Wissenschaften vorgestellt. Immer wieder betonte er, dass der Nordpol nur auf diese Weise erreichbar war und nicht mit einem Schiff oder Schlitten, wie es der Norweger Fridtjof Nansen gerade versuchte – der zu diesem Zeitpunkt bereits seit zwei Jahren unterwegs war und von dem niemand wusste, wie es um ihn stand. Andrées Plan traf nicht sofort auf Beifall: Zweifel wurden geäußert, die mangelnde Erfahrung mit Langstreckenflügen wurde ebenso gegen ihn ins Feld geführt wie die Durchlässigkeit des Ballons, aus dem Wasserstoff entweichen würde, ohne dass er unterwegs ersetzt werden könnte. Auch die Steuerung wurde argwöhnisch diskutiert. Doch Andrée gelang es, all diese berechtigten Zweifel mit dem damals alle Vernunft schlagenden Motiv aus dem Weg zu räumen: dem Nationalstolz. Nur die Schweden seien fähig, ein solches Unternehmen zum Erfolg zu führen, proklamierte er. Und damit hatte er genau den Punkt getroffen, der ihm schließlich die notwendige Unterstützung einbringen sollte: die Konkurrenz mit Norwegen und den unbedingten Willen jeder Nation, einen Teil des Globus durch seine Entdeckung für immer auf den Landkarten für sich zu beanspruchen. Und so öffneten sich die Portemonnaies bis hinauf zu dem des Königs Oscar.

Nach all diesem Tamtam konnte er nicht auf Amsterdamøya landen, nach Schweden zurückfahren und verkünden, dass sich sein Plan, den er jahrelang und mit solcher Inbrunst gegen alle Zweifel verteidigt hatte, als nicht ausführbar herausgestellt hatte. Das konnte er nicht. Er hatte sich verrannt, sich selbst ein Labyrinth gebaut, aus dem es keinen Ausweg gab. Der schwedische Autor Bengtsson beschrieb Andrées Lage sehr treffend: »Zu Beginn war da eine ganze Welt, die zweifelte, und eine Person, die an das Unternehmen glaubte – er selbst. Nun war da eine ganze Welt, die glaubte, und eine Person, die zweifelte – er selbst.«

Darüber hinaus war dies nun schon der zweite Versuch. Bereits im Jahr zuvor, 1896, war er auf Spitzbergen gewesen, hatte auf dem Schiff *Virgo* – daher auch der Name Virgohamna für die Bucht auf Danskøya – eine schier unglaubliche Menge an Material nach Norden gebracht: tonnenweise Eisenspäne, Schwefelsäure zur Produktion von Wasserstoff, Baumaterialien für ein Ballonhaus – ein hölzernes Gebäude, in dem die *Örnen* sicher auf seinen Flug vorbereitet werden konnte – und vieles mehr. Überreste all dessen, von den Eisenspänen bis zur Filzverkleidung des Ballonhauses, kann man dort im Übrigen auch heute noch finden. Doch als der Ballon schließlich gefüllt war, wollte sich der richtige Wind nicht einstellen. Dafür erreichte die *Fram* Virgohamna, das Schiff Nansens, dessen Mannschaft berichtete, dass Nansen sich mit Skiern zum Pol aufgemacht hatte.

Was muss das bei Andrée bewirkt haben? Der Konkurrent war noch unterwegs, hatte das Ruhm versprechende Ziel vielleicht sogar schon erreicht, bei Nansen musste man ja mit allem rechnen. Für ihn selbst hingegen rückte der Pol mindestens ein Jahr weiter fort: Unverrichteter Dinge musste die Expeditionsgesellschaft Spitzbergen im August 1896 verlassen. Das Material ließen sie in der Absicht zurück, es 1897 erneut zu versuchen. Es hatte schließlich nur am Wetter gelegen, dass noch kein Erfolg zu vermelden war.

Es war dann gekommen, wie es hatte kommen müssen: Noch während Andrée auf dem Rückweg war, kehrte Nansen im August 1896 mit seiner sagenhaften Erfolgsgeschichte zurück. Den Nordpol hatten er und sein Gefährte Johansen zwar nicht erreicht, doch waren sie so weit wie niemand sonst vor ihnen nach Norden vorgedrungen, bis über den 86. Breitengrad hinaus, hatten einen Winter auf Franz-Joseph-Land überlebt und zu alldem noch viele, viele Daten gesammelt. Nansen und Andrée wurden nun gerne im Konkurrenzkampf zwischen Schweden und Norwegen gegeneinander ausgespielt. Denn Nansen bezweifelte, dass Andrées Plan ein guter war, und die norwegische Presse bezeichnete die drei Schweden gar als Windbeutel, die mit dem Ballon zwischen den Beinen zurückgekommen waren – im Gegensatz zum norwegischen Helden Nansen.

Andrée wollte kein Windbeutel sein. Deswegen fuhr der Ballon ein knappes Jahr später, beim zweiten Versuch an jenem 11. Juli 1897, auch nach einem denkbar holprigen Start in Virgohamna weiter, auch wenn von Anfang an klar war, dass die *Adler* nicht zu lenken war. Und verschwand.

In den ersten Jahren wurde noch gerätselt, wo die Männer geblieben waren, auch Suchtrupps hielten Ausschau nach ihnen. Von Andrée ausgesandte Brieftauben landeten auf Schiffen; Bojen mit Nachrichten darin wurden gefunden, die immer nur Gutes verkündeten, die aber nur wenige Tage nach dem Start geschrieben worden waren und nichts mehr darüber aussagen konnten, was später passiert war. Die drei Männer selbst blieben fort, und langsam wurde es still um die schwedische Expedition. Der Erste Weltkrieg kam und ging, und mit ihm ergaben sich ganz andere Interessen; immer mehr der einstigen Unterstützer starben. An die schwedische Ballonexpedition dachte beinahe niemand mehr.

Dreiunddreißig Jahre nachdem die *Örnen* über Fuglesongen den Blicken entschwunden war, fuhr das Schiff *Bratvaag* von Spitzbergen nach Franz-Joseph-Land, an Bord eine Wissenschafts- und eine Jagdexpedition. Als das Schiff Kvitøya passierte, stellte die Besatzung überrascht fest, dass die Insel nicht wie sonst von Eis eingeschlossen war, und entschied, die Gelegenheit zu nutzen und an Land zu gehen. Sie nahmen allerlei Proben, gingen dann auf der anderen Seite der Landzunge auf Walrossjagd. Während die Walrosse am Strand enthäutet wurden, gingen zwei Männer weiter landeinwärts, auf der Suche nach Trinkwasser. Einer der Männer fand plötzlich einen Aluminiumdeckel. Dies waren noch Zeiten, in denen man sich wunderte, wenn man an einem Strand etwas fand, denn es lag nicht wie heute überall Müll herum. Ein Aluminiumdeckel auf diesem Eiland, das ließ die Männer stutzig werden. Sie schauten sich um, entdeckten ein Boot, dann zwei Gewehre. Und schließlich stießen die Männer auf einen leblosen Menschenkörper, der an der windabgewandten Seite einer kleinen Felsstufe lehnte: Salomon Andrée.

Rund um Andrée fand sich ein unter den kalten lokalen Bedingungen hervorragend konservierter Lagerplatz. Neben Andrée stand ein Primuskocher; als die Männer die Pumpe des Kochers betätigten, kam Paraffin aus dem Brenner, nach all den Jahren funktionierte er noch. In der Nähe fanden sich die Schlitten, ein Boot mit Ausrüstung, Schneeschuhe, Eisbärfelle und Robbenknochen. Auch die beiden anderen Körper wurden gefunden, Strindberg ein Stück abseits unter aufgehäuften Steinen; er musste gestorben sein, als die anderen noch am Leben gewesen waren und ihn hatten begraben können.

Die sterblichen Überreste der drei Männer wurden nach Schweden gebracht. Unter all ihren Habseligkeiten fanden sich auch Tagebücher, die noch zu entziffern waren. Alle drei hatten in Aufzeichnungen festgehalten, was zwischen dem Start in Virgohamna und ihrer Ankunft auf Kvitøya vorgefallen war, ein ganz außergewöhnlicher Umstand bei Expeditionen, die so fatal geendet hatten. Und als wirkliche Sensation fand sich daneben auch Fotomaterial, erstaunlich gut erhalten; einige der Fotos konnten nach all der Zeit noch entwickelt werden.

Dank dieser Fotos erkenne ich 119 Jahre später, wo Strindbergs Grab war. Es ist auch heute noch gut zu erkennen, Strindbergs Körper wurde in einiger Entfernung zum Lagerplatz in einer Spalte zwischen zwei Felsen abgelegt und mit Steinen bedeckt. Die Steine liegen dort noch immer beisammen, man erkennt, dass sie gesammelt worden sein müssen, dass nicht die Natur hier einen solchen Haufen gebildet hat, sondern Menschen am Werk waren. Ich bin wie elektrisiert, als ich dessen gewahr werde, was ich da sehe, und bleibe in einiger Entfernung stehen. Hier war es also. Mehr noch als beim Monument wird mir hier bewusst, dass ich nun an dem Ort stehe, an dem sich die Geschichte aus den Büchern zugetragen hat, hier war das, über diesen Boden sind die drei Männer gegangen, diese Steine haben zwei von ihnen aufgeschichtet. Ich spüre den Wind und den Regen nicht mehr, ich stehe nur da und schaue mich um. Es fühlt sich an, als sei ich in einen seltsamen Moment zwischen den Zeiten eingetaucht, es ist nicht mehr 1897, aber nach all den Jahren meiner Beschäftigung mit dieser Geschichte bin ich auch keine rein beobachtende Besucherin des Jahres 2016; irgendetwas lässt mich mit diesem abweisenden Ort eine ganz sonderbare Verbindung spüren. In diese laute Stille mischt sich dann das ferne Motorengeräusch unserer Schlauchboote. Die Gäste kommen, es wird Zeit, zum Strand hinunterzugehen.

Was war passiert, nachdem die *Örnen* über Fuglesongen verschwunden war? Zunächst war der Ballon tatsächlich 400 Kilometer in nordöstliche Richtung gefahren. Doch dann drehte der Wind. Und die Zweifler, so belegten die Tagebücher, hatten recht behalten; es passierte genau das, was sie vorhergesagt hatten: Der Ballon verlor Wasserstoff. Der Nebel fror außerdem an der Außenhaut fest, machte ihn schwerer und drückte ihn aufs Eis. Drei Tage nach dem Start, am 14. Juli 1897, hatte die *Örnen* eine Zickzack-Flugstrecke von 830 Kilometern zurückgelegt. Bei 82°56' nördlicher Breite und 29°52' östlicher Länge sank sie 480 Kilometer von Virgohamna entfernt auf das Eis und erhob sich nicht mehr. Auf einigen Fotos ist Andrée neben dem Ballon zu sehen, erst etwas verwirrt dastehend, dann aber bald wieder in siegessicherer Pose. Im Ballonkorb hatten die Männer Schlitten, Skier und einen Boot-Bausatz transportiert. Mit dieser Ausrüstung musste die Reise nun weitergehen – beziehungsweise der Rückweg angetreten werden. Der Weg zum Nordpol wurde nicht fortgesetzt. Aber wohin dann?

Es gab nun zwei Möglichkeiten: Auf dem rund 290 Kilometer entfernten Rossøya, der nördlichsten Insel Spitzbergens, die nicht viel mehr ist als ein wellenumtoster Fels, wartete ein vorsorglich angelegtes Depot auf sie. Ein anderes Depot war am Kap Flora im Südwesten von Franz-Joseph-Land errichtet worden, rund 470 Kilometer und damit deutlich weiter entfernt. Bei dieser Entscheidung ließ Andrée sich erneut nicht von Vernunft leiten, er tat nicht das Naheliegendste, nicht das, was es zu tun gilt, wenn man in Gefahr geraten ist: sich so schnell wie möglich in Sicherheit zu bringen. Er machte seine Entscheidung wiederum von Prestige abhängig, und Franz-Joseph-Land zu erreichen versprach nun einmal einen deutlich größeren Wow-Effekt, als einfach wieder nach Spitzbergen zurückzukehren. Die drei Männer wandten sich also am 22. Juli 1897 in Richtung Südosten, nachdem sie eine Woche lang neben dem abgestürzten Ballon ihre Siebensachen sortiert und das Boot zusammengebaut hatten. Auch hier machten die Männer Fehler, denn statt so zu packen, dass sie schnell vorankommen konnten, entschieden sie, 700 Kilo Gepäck mit sich zu tragen, auf drei Schlitten verteilt; ein jeder so schwer, dass sie ihn nur zu dritt ziehen konnten. Das bedeutete in der Folge, dass sie jeden Weg dreimal hin und wieder zurück gehen mussten. In einem Polarmeer voller aufgeworfener, manchmal meterhoher Presseisrücken. Vier Tage lang plagten sie sich so, bis Strindberg vorrechnete, dass sie nur wenige Meilen zurückgelegt hatten. Sie reduzierten ihre Lasten so weit, dass jeder allein einen Schlitten ziehen konnte. Doch noch immer wogen die Gefährte um die 130 Kilo.

130 Kilo ist für mich ein Gewicht, von dem ich mir nicht vorstellen kann, es über einen längeren Zeitraum über Meereis zu ziehen. Mein Schlitten in Grönland hat zu Anfang nicht ganz 80 Kilo gewogen; bergauf wurde das für mich zu einem Gewaltakt, auf Steigeisen, im Blankeis. Doch war mein Schlitten aus Plastik, er hatte eine Form, die optimal auf diese Bedingungen ausgelegt war, er fiel nie um und schmiegte sich an den Sastrugi, den vom Wind in den Schnee gefrästen Vertiefungen, entlang. Andrée und seine Männer hatten Holzschlitten, schlecht justierte noch dazu; ich bin sicher, diese Schlitten blieben unzählige Male in den Presseisrücken hängen, fielen um, mussten mühevoll umhergewuchtet werden, und das alles auch an sicherlich viel weniger bequemen Zuggurten, als wir sie heute verwenden. Verzicht auf alles Unnötige wäre unter den Umständen, unter denen die Männer unterwegs waren, ein Schlüssel zum Erfolg gewesen, vielleicht. Stattdessen wurden weiterhin Dinge wie Stoffservietten, Weinflaschen und dergleichen mitgeschleppt, guter Proviant aus Gewichtsgründen aber zurückgelassen, es sollten Bären geschossen werden.

Am 3. August, dreizehn Tage nach dem Start ihres Marschs, stellte Strindberg fest, dass sie sogar an Strecke verloren hatten und nordwärts gedriftet waren. Andrée änderte den Plan: Nun sollte also doch Spitzbergen angepeilt werden. Weil sie viel Bärenfleisch gegessen hatten, ging es allen dreien nicht mehr richtig gut, alle litten an Durchfall und wurden immer schwächer, bei Frænkel kamen Probleme mit den Füßen hinzu, er konnte seinen Schlitten nicht mehr ziehen. Die Drift arbeitete weiterhin so unerbittlich gegen sie, dass sie am 13. September entschieden, den anstrengenden Kampf vorerst ruhen zu lassen. Sie bauten ein Haus auf dem Eis und ergaben sich der Drift. Drei Tage später sahen sie Kvitøya.

Die Stimmung war bis dahin wohl nicht die schlechteste, die Männer hatten noch immer genügend Energie, um am 18. September das 25. Kronjubiläum König Oscars mit einem Galabankett, wie sie es in den Tagebüchern nannten, zu feiern. Bei dieser Gelegenheit wurde wenigstens Gewicht reduziert, da auch Wein getrunken wurde.

Am 22. September wurde Nils Strindberg fünfundzwanzig Jahre alt; seinen Geburtstag musste er ohne seine Verlobte feiern, doch Anna Charlier hatte vorgesorgt: Sie hatte Andrée ein Foto von sich mitgegeben, welches er Strindberg überreichen sollte. Charlier selbst verbrachte den Tag bei dessen Familie.

Hatte Andrée ein schlechtes Gewissen? Er war viel älter als seine beiden Reisebegleiter, er hatte ein Leben gelebt, Strindberg und Frænkel hatten ihres noch vor sich, und Andrée musste gewusst haben, wie sehnsüchtig die verliebte Anna zu Hause auf ihren Nils wartete. Machte er sich Vorwürfe, dass er an seiner fixen Idee festgehalten hatte, erkannte er nun, dass ein Ballon eben doch das falsche Verkehrsmittel war, um den Nordpol zu erreichen? War er mit seiner Faszination für diese Flugobjekte jahrelang einem Irrweg gefolgt? Denn seine Leidenschaft für Ballons war schon mehr als zwanzig Jahre alt: Dass ein Ballon ein Transportmittel sein konnte, diese Idee hatte er zum ersten Mal im Jahr 1876, als er auf dem Weg zur *International Exhibition of Arts, Manu-*

factures and Products of the Soil and Mine in Philadelphia ein Buch über die Gesetze des Windes las. In Philadelphia schließlich traf er den US-amerikanischen Ballonfahrer John Wise, den damals erfolgreichsten Ballonfahrer der USA, immerhin 1302 Kilometer weit war dieser schon gefahren. Andrées Begeisterung für Ballons war geboren. Als er später mit der Polarforschung in Kontakt kam, war der Gedanke nicht weit, diese beiden Felder miteinander zu verbinden – und mit einem Ballon zum Nordpol zu fahren. Erkannte er in jenen Tagen auf dem Eis, wie falsch er an dieses Vorhaben herangegangen war?

Eine knappe Woche nach Strindbergs Geburtstag, am 28. September, bezogen die drei ihre Schneehütte. Nun lebten sie in einem Häuschen, das diesen Namen kaum verdiente, denn welches Haus ist schon in Gefahr, jederzeit entzweizubrechen, und noch dazu auf einem Meer unterwegs? Eine Woche lang drifteten sie dahin, doch am 5. Oktober barst ihre Scholle. Und so beschlossen sie, das Eis aufzugeben und auf Kvitøya an Land zu gehen.

Vielleicht machten sie ihre ersten Schritte an genau der Stelle, an der ich nun unsere Gäste in Empfang nehme. Alle sind aufgeregt, sie wissen, wie bedeutsam dieser Ort ist, an dem es doch eigentlich nichts zu sehen gibt. Auf dem Weg hierher hatten wir viel Zeit, tief in diese Geschichte einzutauchen, die Sinne aller, die aus diesem kleinen Boot steigen, sind weit offen für unser Nachspüren. So leuchten alle Augen, neugierig blicken sie den Strand auf und ab, sie wissen, wie besonders dieser Besuch ist. Wir stehen in einem eiskalten Nieselregenwind an einem unwirtlichen, leeren Ort, und dennoch sind wir beseelt. Wer nichts für Polargeschichte übrighat, dem wird dies immer ein Rätsel bleiben. Warum ein solcher Moment, vielleicht der ungemütlichste und ganz sicher der kürzeste Landgang der ganzen Reise, für den wir aber am weitesten gefahren sind, gleichzeitig auch der bedeutendste, der wertvollste ist. Es gibt viele Menschen, die nicht verstehen, warum man nicht mit einem Getränk mit Strohhalm irgendwo an einem warmen Strand sitzen möchte, sondern seinen Urlaub so verbringt. Oder, schlimmer noch, sogar einen Beruf aus solchen Aufenthalten gemacht hat. Wir aber könnten glücklicher nicht sein.

Sehen wir nun das, was Andrée, Strindberg und Frænkel damals auch sahen? Hat es geregnet, als sie hier ankamen, geschneit? Haben sie gleich beschlossen, ihr Lager auf dieser Erhebung aufzubauen, alles dorthin zu schleppen? Reichte der Gletscher damals noch viel weiter auf die Landzunge herab? Langsam gehe ich mit den Gästen nun den Weg zu dem Monument ein zweites Mal. Das aufgeregte Geplauder, die Euphorie der ersten Schritte – wir haben es geschafft! – legt sich bald und schafft Raum für eine gespannte Stille. Schweigend nähern wir uns dem Lagerplatz, und als wir unterhalb des Monuments ankommen, bleiben wir in einigem Abstand stehen. Eine Weile sagt niemand etwas.

Was ist hier passiert? Wie gerne würde ich in der Zeit zurückreisen, ein paar Momente von damals erleben, durch ein Fenster auf die drei Männer schauen. Vielleicht waren sie anfangs ebenso euphorisch? Das erste Gefühl muss Freude über die Rettung gewesen sein, sie konnten nach zweieinhalb Monaten von dem vermaledeiten Eis heruntersteigen und sich auf sicheres Land begeben. Es war etwas geschafft. Wie lange mag es gedauert haben, bis dieses Gefühl umschlug?

Denn es muss ihnen bald klar geworden sein, dass hier, an diesem Ort, niemand vorbeikommen würde, sie zu suchen. Sie waren in einem fatalen Streifen Niemandsland gelandet.

Auf den Inseln Spitzbergens hätte es Hoffnung gegeben, genauso wie auf Franz-Joseph-Land. Doch hier, zwischen den Archipelen, auf Kvitøya, hier sollte tatsächlich dreiunddreißig Jahre lang kein Schiff anlanden, und wenn ein Ort so absolut von Gott und den Menschen verlassen ist, dann spürt man das. Sie müssen es gespürt haben. Hier war das Ende.

Was sollten sie also noch in ihre Tagebücher schreiben? Das Wissen darum, dass diese Geschichte kein gutes Ende finden würde, die Sinnlosigkeit, etwas aufzuzeichnen, das doch wohl niemals jemand lesen würde, die Angst und Hoffnungslosigkeit – all das zusammen zog ihnen die Kraft aus den Herzen und den Händen, die zu schwach wurden, noch einen Bleistift zu halten.

Mit Erreichen dieses Orts verstummen die Tagebücher; in Andrées Buch lautet der letzte Eintrag vom 17. Oktober:

Zu Hause, 7:30 morgens

Danach nichts mehr.

Viele Menschen haben sich bemüht, herauszufinden, woran die drei schlussendlich gestorben waren, denn die Auffindesituation gab in der Tat Rätsel auf. Allen voran die schwedische Autorin Bea Uusma hat in ihrem Buch *Die Expedition* akribisch alle möglichen und immer wieder vermuteten Todesursachen unter die Lupe genommen. Die Männer konnten nicht erfroren sein, es gab genügend unbenutzte Kleidung, und es war ja noch nicht einmal Winter. Eine Kohlenmonoxidvergiftung durch den Kocher im Zelt kam nicht infrage, da das Zelt offen war. Die Männer hatten auch keinen Skorbut, dafür hatten sie zu viel frisches Fleisch, und keines der Anzeichen wurde in den Tagebüchern erwähnt, genauso wenig wie Symptome einer Trichinosis oder einer Überdosis Vitamin A durch den Verzehr von Bären- oder Robbenleber. Bea Uusma kommt zu dem Schluss, dass vermutlich Strindberg von einem Eisbären angegriffen und getötet worden war. Und dass die anderen beiden in Verzweiflung eine Überdosis Morphium genommen hatten.

Ich folge ihr im ersten Teil, dass Strindberg eine tödliche Begegnung mit einem Eisbären gehabt haben muss. Das dürfte außer Zweifel stehen. Doch dann weiß ich nicht, ob Morphium nötig gewesen ist.

Es war möglich, zu jener Zeit und mit der damaligen Ausrüstung in diesen Breiten einen Winter zu überleben, das hatte Nansen im Vorjahr auf Franz-Joseph-Land bewiesen. Er hatte mit Hjalmar Johansen auf der Jackson Insel überwintert, in einer Hütte, die etwas mehr als ein Erdloch war. Monatelang lagen sie darin, in einem Schlafsack, in derselben Unterwäsche, im rußigen Licht einer Öllampe, ernährten sich von Robben- und Bärenfleisch. Danach krochen sie aus ihrer Behausung und machten sich, als es wieder Tageslicht gab, auf Skiern und mit Kajaks weiter auf den Weg nach Süden, wo sie an Kap Flora gerettet wurden.

Doch diese beiden erfolgreichen Überwinterer unterschied einiges von den drei Gestrandeten: Sie kannten die polare Umgebung, beide hatten schon Monate ihres Lebens in dieser weißen Welt verbracht und viel dabei gelernt. Sie wussten, dass sie nach Hause kommen konnten, dass sie es schaffen konnten, wenn sie planvoll und zielstrebig vorgingen, wenn sie den Winter aussaßen und dann Schritt für Schritt weitergingen. Nansen und Johansen *wollten* nach Hause, und sie wussten, dass sie die Fähigkeiten hatten, das auch zu schaffen.

Von den Männern auf Kvitøya kannte nur Andrée die Polarwelt, doch war er bei seinem ersten Aufenthalt nicht auf Skiern unterwegs gewesen. Ihm fehlten das Können und das Wissen, und somit mangelte es ihm an der verinnerlichten Erfahrung, dass man mit Geduld und Beharrlichkeit in diesen Breiten auch unmöglich Scheinendes erreichen konnte. Es mangelte ihnen nicht an Ausrüstung, auch nicht an Kleidung und Essen, und sie waren an keinem unsichereren Ort, als es Nansen und Johansen gewesen waren. Sie hätten für eine sichere Behausung sorgen, den Winter abwarten können und mit dem ersten Licht im Frühjahr einen Versuch über das Eis nach Spitzbergen wagen können. Allein die Hoffnung fehlte.

Und so bin ich, nach allem, was ich über die Andrée-Expedition gelesen habe, aber vor allem nach dem, was ich auf Kvitøya gespürt habe, überzeugt: Dieser Ort hat sie umgebracht. Dieser Ort, der im wahrsten Sinne des Wortes trostlos war; sie fanden dort weder Trost, noch schöpften sie Hoffnung, diese öde Landzunge bot ihnen keine erholsame Rast, nur Angst und die Gewissheit, vollkommen allein zu sein, für immer. Ich habe in Grönland selbst erlebt, welche Wirkung ein leeres Land auf das eigene Gemüt entfalten kann, wie es einen hineinsaugen kann in einen Strudel aus Angst und Hoffnungslosigkeit – das ist ja gerade das Herausfordernde dieser kargen, monotonen polaren Gegenden. Angst und Hoffnungslosigkeit aber machen tatkräftiges Handeln unmöglich; wie so oft in extremen Situationen, wie immer eigentlich, entscheidet der Kopf, entscheidet die innere Einstellung, die Herangehensweise über Erfolg oder Scheitern von Vorhaben. Strindberg und Frænkel haben Andrée wohl nicht mehr geglaubt, der sich ja selbst schon lange nicht mehr glaubte, dass diese Geschichte noch jemals gut würde ausgehen können. Wie sollten sie so gegen die Wucht dieser Umgebung ankönnen? Das jedoch wäre das Allerwichtigste gewesen: stärker sein als all das, was aus diesen Steinen, von diesem Gletscher, aus dieser Leere über sie hereinbrach, sie anfiel wie ein wildes Tier und in ihrem Inneren wütete. Diese Stärke hatten sie nicht. Weil sie nie die Gelegenheit hatten, sie zu erwerben. Sie waren in Städten aufgewachsen und nicht wie die Inuit in diesen Eiswelten, sie waren nicht wie Nansen in Grönland gewesen, wo er bereitwillig von den Einheimischen gelernt und die Polarwelt erfahren hatte. Sie waren einem fatalen Plan mit einem technischen Gerät gefolgt, das nun irgendwo auf dem Polarmeer dahintrieb, schlapp und nutzlos. Keiner von den dreien hatte das innere Rüstzeug, einen neuen Plan so überzeugt und strukturiert für die anderen zu etablieren, dass sie ihn zu dritt ausführen konnten. Sie waren zum Bleiben verdammt.

Wir dagegen dürfen – nach einem wegen der natürlich doch auftauchenden Bären recht kurzen Aufenthalt – Andréeneset wieder verlassen, uns ist das Glück zuteil, dass auf uns ein sicheres, warmes Schiff wartet, das uns von hier wieder fortbringen wird. Der Schritt in ein Boot, hinüber zu einem Schiff, war den drei Männern nicht vergönnt. Ihr Schritt an Land wurde zu einem ihrer letzten. Wir heben den Anker und fahren weiter um Kvitøya herum, um das sich, bis auf einen zweiten eisfreien Ort, eine schroffe Gletscherabbruchkante entlangzieht, mal höher, mal niedriger. Blaue Wellen von Eis, unter kräftig grauen Wolken.

Wo aber ist nun die Liebesgeschichte? Als Letztes sei sie hier noch erzählt; sie muss erzählt werden, ist doch die ganze Geschichte ohne diesen Teil unvollständig. Die Liebesgeschichte ist die zwischen Nils Strindberg und Anna Charlier, natürlich. Wie war es mit Anna weitergegangen, nachdem die Schiffe, die die Expeditionsteilnehmer nach Spitzbergen gebracht hatten, nach Schweden zurückgekehrt waren? Was dachte sie, nachdem sie gehört hatte, dass der Start nicht ohne Komplikationen verlaufen war? Die Hoffnung auf die Rückkehr eines Helden musste langsam in große Sorge umgeschlagen sein. Doch Anna wartete ganze dreizehn Jahre lang auf Nils, der nicht kam. 1910 heiratete sie und zog mit ihrem Ehemann nach England.

Zwanzig weitere Jahre vergingen, bis die *Bratvaag* die Überreste der Andrée-Expedition fand. Die Nachricht dieses Sensationsfundes erreichte Anna, als sie an der Pier in Göteborg stand. Nach einem Familienbesuch in Schweden wollte sie gerade wieder nach England zurückkehren, was sie auch tat. Sie blieb nicht in Schweden, änderte ihre Pläne nicht, als sie hörte, dass ihr Nils nun heimkehren sollte. Als die sterblichen Überreste nach Stockholm gebracht und dort in einem der aufwendigsten Staatsbegräbnisse, die Schweden je gesehen hatte, begraben wurden, nahm sie nicht an den Feierlichkeiten teil. Sie schickte einen Kranz, der, als einer unter Hunderten, auf die Gräber gelegt wurde; auf der Schleife stand in goldenen Buchstaben: *Für Nils von Anna.*

Immer mehr Einzelheiten der Geschehnisse wurden bekannt. Langsam erfuhr dann wohl auch Anna, dass Nils als Erster gestorben sein musste, dass er begraben worden war mit ihrem Herz-Medaillon, in dem auch eine Locke ihres Haares war und zwei Eintrittskarten zu der Kunstausstellung in Stockholm, die sie am letzten Abend vor Nils' Abreise besucht hatten. Auch das Foto wurde gefunden, das sie Andrée für Nils' Geburtstag mitgegeben hatte. Sie las in Andrées Tagebuch, dass Nils an seinem Geburtstag mit diesem

Foto aufgeweckt worden war und dass er sehr glücklich darüber gewesen war. Und sicher las sie auch Nils' Tagebuch, das an sie gerichtet war.

Anna Charlier lebte noch weitere neunzehn Jahre; sie starb 1949, im Alter von achtundsiebzig Jahren. Zwei Jahre vorher war sie von Strindbergs Nichte besucht worden, die später schrieb: »Annas Ehemann Gilbert war ein wundervoller Mensch, der auf allen ihm möglichen Weisen versuchte, seiner trauernden Frau zu helfen, zu vergessen. Aber es war alles umsonst.«

Und so gibt es am Ende einen ganz anderen Helden in dieser Geschichte, und wer weiß, vielleicht ist er überhaupt der einzige: der Ehemann Annas, Gilbert Hawtrey. Denn nachdem Andrée, Strindberg und Frænkel beigesetzt worden waren, äußerte Anna einen Wunsch: Wenn sie starb, wollte sie zwar im Familiengrab ihres Mannes beerdigt werden. Ihr Herz aber sollte zu Nils gebracht werden.

Gilbert Hawtrey erfüllte ihr diesen Wunsch. Am 4. September 1949 begrub Nils Strindbergs Bruder die Asche von Annas Herz neben ihrem einstigen Verlobten. Es wäre Nils' siebenundsiebzigster Geburtstag gewesen.

Am 24. Juli 1897 hatte Nils an Annas Geburtstag einen längeren Eintrag in sein Tagebuch vorgenommen.

»Wir haben gerade nach zehn Stunden Schlittenziehen und -zerren angehalten. Ich bin wirklich sehr müde, aber wir müssen uns kurz unterhalten. Erstens muss ich Dir gratulieren, denn heute ist Dein Geburtstag. Oh, wie sehr ich wünschte, dass ich Dir sagen könnte, dass es mir gut geht und dass Du nicht um uns fürchten musst. Wir werden nach Hause kommen, Schritt für Schritt. Ja, all das füllt meine Gedanken sehr, dieser Tage. Es gibt so viel Zeit zum Nach-

denken, und dann ist es so gut, so wunderbare Erinnerungen zu haben, und so glückliche Aussichten für die Zukunft, an die man denken kann!

(Später) Wir haben gerade das Camp für die Nacht errichtet und unseren Kaffee mit Brot und Käse, Keksen und Saft getrunken. Wir stellen das Zelt auf und Frænkel macht seine Wetterbeobachtungen. Jetzt gerade freuen wir uns über einen guten Karamelbonbon, ein echter Genuss. Du musst nicht denken, dass hier jemand mürrisch ist. Gestern Abend habe ich Suppe serviert (ich mache viel Hausarbeit) und sie war wirklich nicht gut. Dieses Bouillonpulver schmeckt ziemlich schrecklich und man wird seiner sehr schnell überdrüssig. (…)

Du hast sicher schönes Sommerwetter zu Hause.

Es ist sehr seltsam, jetzt darüber nachzudenken, dass wir vielleicht nicht einmal an Deinem nächsten Geburtstag zu Hause sein werden. Vielleicht müssen wir hier noch einen Winter verbringen. Wir kommen so langsam voran, dass wir es vielleicht in diesem Winter nicht bis Kap Flora schaffen, vielleicht müssen wir noch ein Jahr in einem Erdloch verbringen.

Arme, kleine Anna, Du wirst so verzweifelt sein, wenn wir es nächsten Herbst auch nicht nach Hause schaffen.

Du sollst wissen, dass ich bei dem Gedanken daran leide, aber nicht wegen mir, denn es spielt jetzt keine Rolle, was ich vielleicht aushalten muss, damit ich irgendwann nach Hause komme. Jetzt steht das Zelt und wir machen Feierabend. Wir sind sehr müde, aber in guter Stimmung.«

Was für eine Geschichte, nicht wahr?

Wünsche an das Eis

Wie so viele Gegenden mit einer scheinbar unberührten Natur zieht auch Spitzbergen Künstlerinnen und Künstler an. Ich verstehe das. Ich verstehe auch, wenn Menschen auf Spitzbergen erst zu Kreativen werden oder sich zumindest plötzlich künstlerisch betätigen wollen. Manchmal beginnen Gäste unserer Reisen auf einmal zu malen, in ihren persönlichen Tagebüchern. Sie sitzen an Deck und zeichnen und sagen: »Das habe ich schon ewig nicht mehr gemacht, aber hier muss ich das irgendwie.«

Über solche Entwicklungen freue ich mich. Wenn ich sehe: All dies unvergleichlich Schöne, diese Weite und das Licht, diese Ausblicke auf ein Meer voller Eisschollen oder einen Gletscher im Fjord lassen die Menschen nicht unberührt. Im Gegenteil, sie bewegen sie so, dass sie das Bedürfnis haben, aktiv oder kreativ zu werden, etwas mit all diesen Eindrücken zu tun.

Es gibt sogar spezielle Reisen für Künstlerinnen und Künstler. Auf dem Segelschiff *Antigua* war zweimal im Jahr eine Kunstgruppe unterwegs, die Mitreisenden mussten sich aufwendig für die Teilnahme bewerben. Diese Reisen verliefen anders als die Wander- oder Fotoreisen. Die Gäste blieben oft sehr lange an einem Ort, sie bekamen viel Zeit, alles auf sich wirken zu lassen oder direkt schon tätig zu werden. Abends wurden im Salon bisherige oder aktuelle Werke der Einzelnen besprochen. Und wenn jemand den Plan hatte, einen Eisberg anzuzünden, dann wurde versucht, auch das möglich zu machen.

Ich hatte einmal das große Vergnügen, bei einer dieser Reisen mit an Bord zu sein, und fand diese beiden Wochen ungemein bereichernd. Da hatte jemand eine Drohne dabei – es war noch in den ganz frühen Drohnen-Tagen – und filmte viele der Landeplätze von oben, auch die Landevorgänge, was besonders in Zeitrafferaufnahmen eine sehr vergnügliche, aber auch erhellende Wirkung hatte, wie wir kleinen Figürchen da in dieser großen Landschaft umherwuselten. Man sah so gut, wie bedeutungslos wir waren.

Eine Frau bastelte aus allem Müll, den sie fand, umgehend umwerfende kleine Kunstwerke und beehrte alle Mitreisenden damit. Ein Mann schleppte riesige Eisbrocken an Bord und fertigte mit einer Technik, die ich vergessen habe, Drucke von Eisschollen an, die tiefblau und geheimnisvoll aussahen. Eine Teilnehmerin setzte sich in ein Schlauchboot und sang dort zu den Klängen ihrer Gitarre auf eine so zarte und herzzerreißende Weise, dass in diesem Lied, das ich nicht verstand, für mich die ganze Schönheit und Tragik der Arktis zu ertönen schien.

Zwei Projekte sind mir besonders in Erinnerung geblieben: Ein Künstler bat alle an Bord, die Geräusche des Eises nachzuahmen, und er nahm das Ganze mit einem Mikrofon auf. Zwischen die Menschentöne schnitt er später echte Eisgeräusche. Diese Beschreibung klingt unspektakulär, das Ergebnis aber fand ich erstaunlich. Denn wir alle hatten scheinbar andere Dinge im Eis gehört, ich fand jedoch alles erkennbar, es waren keine Irgendwie-Fantasiegeräusche. Auf vielfältige Manier hatten die Leute den Klang des Eises wiedergegeben, von dem doch so viele denken, es sei nur kalt und starr und still. Doch auf diese Weise klang es plötzlich nach so viel Leben und kam damit dem Wesen des Meereises für mich so viel näher! Denn tatsächlich steckt im Meereis ja jede Menge Leben, das Meereis ist in der Arktis ein sehr wichtiger Teil der Nahrungskette, es ist der Anfang von allem, um genau zu sein. Ich fand es ganz und gar erstaunlich, wie es gelungen war, dieses Wesen des Eises so deutlich zu machen – auch wenn das vielleicht gar nicht die Absicht des Künstlers war, sondern eben nur meine Art, seine Kunst wahrzunehmen.

Ein anderes Vorhaben wurde ganz unerwartet zu einem geradezu ergreifenden Moment: Eine Künstlerin bat alle Mitreisenden, Kunstschaffende wie Crew, Wünsche auf einen Zettel zu schreiben. Nicht irgendeinen Wunsch, sondern, wenn möglich, den brennendsten Wunsch, den man hatte, etwas, das vielleicht auch niemand sonst wusste, egal, was es war. Die Zettel nahm sie in einer Schale in Empfang. Ihr Plan war, diese Wünsche auf einer Scholle im Meereis vorzulesen, sollten wir denn mit unserem Schiffchen ins Meereis gelangen.

Warum auf dem Meereis? Das Meereis entstehe langsam, erklärte sie, es sei Jahre unterwegs, und am Ende verschwände es wieder. Sie wollte die Wünsche an das Meereis übergeben, das sie mit sich nehmen sollte in seine eigene Zeitrechnung und am Ende, wenn es schmelze, freilassen sollte, auf dass das Universum sie erfülle. So oder so ähnlich war die Beschreibung, und man kann sich vorstellen, dass ein solches Vorhaben bei so manchem Crewmitglied nicht nur stille Ratlosigkeit hervorgerufen hatte.

Doch dann kam der Tag, an dem wir es glücklicherweise schafften, die *Antigua* tatsächlich ins Eis zu lenken. Die Bedingungen waren gut, das Eis dicht und frei genug, um mit dem Segelschiff hineinzufahren und tatsächlich an einer größeren Scholle festzumachen, die man betreten konnte.

Die Künstlerin war die Erste, die auf diese Scholle durfte, nachdem alles gesichert war. Sie stellte sich auf die Eisbrocken, die auf der Scholle aufgetürmt waren, bunte Kleidung, runde Brille, und begann, die Wünsche vorzulesen. Sie las sie nicht, sie deklamierte. Spätestens beim dritten Wunsch hatten alle mit ihrem Gekicher und Peinlich-berührt-Sein aufgehört und lauschten dem, was die Frau da sagte. Die Frau, das Eis, die Intimität dieser geheimen Wünsche entfalteten eine Wirkung, wie man sie vielleicht in einer Kirche bei sehr innigen Gebeten erwarten würde. Wo auch immer an Deck zuvor jemand beschäftigt war, es hielten alle inne, um diese Worte zu hören. Für diese paar Momente gab es auf einmal nichts anderes mehr. Es waren herzzerreißende und ganz simple Wünsche darunter, ein geliebter Mensch möge nicht an Krebs sterben, das Kind solle endlich Anschluss finden in der Schule, es solle jeden Abend Eis als Nachtisch geben (vermutlich stammte dieser Wunsch von jemandem, der nicht so recht an diese Sache glaubte), die Schwester endlich das lang ersehnte Kind bekommen, die Finanzierung des nächsten Kunstprojekts gelingen.

Als sie mit ihrem Vortrag, der weniger als fünf Minuten gedauert hatte, fertig war, blieb es still. Für einen bezaubernden Moment sprach niemand, bewegte sich niemand, alle blickten auf diese bunte Frau und lauschten den verhallenden Wünschen hinterher; staunten vielleicht, was dieses simple Vorlesen in dieser Umgebung mit ihnen getan hatte.

Dann sprang die Künstlerin über das Eis auf das Schiff zurück, und der Zauber war vorbei. Aber ich dachte noch lange daran, dass mein Wunsch zusammen mit all den anderen auf dieser Scholle weiterreiste.

Was ist eigentlich die Arktis?

Spitzbergen liegt natürlich in der Arktis, einer der interessantesten Regionen der Erde. Unter anderem, weil nirgendwo sonst die klimatischen Veränderungen, die unser Planet derzeit durchläuft, so schnell und gut sichtbar voranschreiten wie hier – davon wird später noch ausführlicher die Rede sein. Umso erstaunlicher ist es eigentlich, dass sehr viele Menschen von dieser Region sehr wenig wissen. Manchmal denke ich, die versiertesten Arktis-Fachleute sind Schulkinder. Bei meinen vielen Vorträgen in Schulen bin ich noch nie von Elfjährigen gefragt worden, wie es denn den Pinguinen so geht am Nordpol. Erwachsene wollen das schon ab und zu von mir wissen. Oder geradezu regelmäßig: Ich erzähle von Grönland, und dann sagt jemand, er oder sie möchte auch so gern mal in die Antarktis. Ich glaube, weil Antarktis aufregender klingt. Kinder bis zur sechsten Klasse wissen dagegen sehr genau: Arktis – Eisbären – oben. Antarktis – Pinguine – unten. Irgendwann nach der siebten Klasse wird dieses sehr präzise Polarwissen von anderen Prioritäten verdrängt, so mein Eindruck. Deswegen also jetzt und hier: Ein kurzer Grundkurs darüber, was die Arktis eigentlich ist.

Zuerst einmal: Die Arktis liegt, wenn wir uns einen Globus vorstellen, oben, also im Norden, mittendrin liegt der Nordpol, ein bisschen südlich von ihm Spitzbergen. Sie ist, im Gegensatz zur Antarktis, kein Kontinent. Sie ist weder eine zusammenhängende Landmasse noch ausschließlich ein Ozean. Die Arktis ist eine Klimazone, die sich über verschiedene Meere, Kontinente und Länder erstreckt und in der es nicht nur Eisbären, sondern allerhand anderes Getier und auch Menschen gibt – und auch diese Vielfalt macht diese Region so spannend.

Viele Menschen denken, die Arktis sei alles, was nördlich des nördlichen Polarkreises liegt. Das ist aber nicht ganz richtig.

Der Polarkreis beschreibt lediglich jenen Breitengrad, an dem die Sonne zur Zeit der Sonnenwende gerade nicht mehr auf- oder untergeht. Nördlich davon gibt es also einen Polartag und eine Polarnacht; im Sommer geht die Sonne dort nicht unter, und im Winter geht sie nicht auf. Nahe am Polarkreis gibt es im Winter dort jeden Tag eine Dämmerung, die immer schwächer wird, je weiter man nach Norden kommt. Auf Spitzbergen bleibt es einige Winterwochen tatsächlich zappenduster und im Sommer wochenlang rund um die Uhr taghell. Das also ist die Bedeutung des Polarkreises, und das hat nun erst einmal nicht direkt etwas mit dem Klima und der Arktis an sich zu tun – auch wenn natürlich die saisonal so stark variierende Sonneneinstrahlung ein wesentliches Charakteristikum der Arktis ausmacht und die Temperaturen durchaus beeinflusst.

Es gibt aber eine ganz andere Grenze, nördlich derer man im Allgemeinen von der Arktis spricht: die 10-Grad-Juli-Isotherme. Was ist das? Ganz einfach: Nördlich dieser Grenze steigen die Durchschnittstemperaturen im Juli nicht über zehn Grad. Noch einfacher: Nördlich davon ist es dauerhaft kalt.

Wenn man sich diese Linie ansieht, stellt man fest, dass sie nicht auf einem Breitengrad und damit kreisförmig um den Nordpol herum verläuft, sondern immer wieder weite

Ausbuchtungen nach Norden oder Süden aufweist. Diese Ausbuchtungen werden beeinflusst durch die vorhandenen Landmassen oder Meeresströmungen. Damit beschreibt diese Grenze die Arktis deutlich besser als der Polarkreis, denn das Klima kann auf ein und demselben Breitengrad sehr unterschiedlich sein. In Grönland beispielsweise führt der Polarkreis mitten durch das Inlandeis, aber die 10-Grad-Juli-Isotherme liegt weit südlich davon. In Nordnorwegen dagegen herrscht am Polarkreis noch kein arktisches Klima, dort verläuft die 10-Grad-Juli-Isotherme viel weiter nördlich.

Noch etwas anderes unterscheidet diese klimatische Grenze vom Polarkreis: Der Polarkreis ist nicht nur ein ebenmäßiger Kreis, er ist auch unveränderlich, sofern sich der Winkel der Rotationsachse der Erde nicht verändert. Das ist mit der 10-Grad-Juli-Isotherme nicht so. Auf einer wärmer werdenden Erde wandert diese Grenze nach Norden.

Was macht die Arktis noch aus? In einem großen Teil der Arktis ist der Boden ganzjährig gefroren, Permafrost nennt man dieses Phänomen. Dabei darf man jedoch nicht denken, dass der Boden dann immer so aussieht wie in unseren Breiten, wenn es Bodenfrost hat. Weite Teile der Arktis sind von Tundra bedeckt, in der im Sommer viele Blumen blühen. Wie geht das, wenn der Boden doch immer gefroren ist? Der Boden ist tatsächlich immer gefroren, manchmal bis in mehrere Hundert Meter Tiefe – bis auf eine dünne oberste Schicht. Diese taut alljährlich mit der Rückkehr der Sonne und dem Steigen der Temperaturen auf. Weil sich durch das immer wiederkehrende Auftauen und Durchfrieren in diesem Boden recht viel bewegt, heißt diese bis zu anderthalb Meter tiefe Schicht auch die »aktive Schicht« des Permafrosts. Der Permafrost ist einer der Gründe, warum man in der Arktis besser mit Gummistiefeln unterwegs ist. Denn wenn der Schnee schmilzt und die aktive Bodenschicht taut, ist viel Wasser unterwegs, das nicht weiter nach unten ins Erdreich versickern kann, weil der Boden ja gefroren ist. Das Wasser bleibt also erst einmal stehen, bis es mit der Zeit abfließt, in Senken und Kuhlen bleibt es ganzjährig feucht. Die Permafrostgrenze verläuft in manchen Teilen ähnlich der 10-Grad-Juli-Isotherme, aber nicht überall.

Der größte Teil der Arktis ist Meer: das Nordpolarmeer, das von mehreren anderen Meeren und Kontinenten umgeben ist. Da gibt es die Grönlandsee, die Barentssee, die Karasee, zum Beispiel. Bis zu fünfeinhalbtausend Meter ist das Polarmeer tief; bedeckt wird es von einer Eisdecke, deren Ausdehnung von Winter zu Sommer stark schwankt. Die zweitgrößte Oberfläche der Arktis ist das grönländische Inlandeis, der Eisschild, der die größte Insel der Welt überzieht. 1,7 Millionen Quadratkilometer bedeckt die grönländische Eisfläche noch, mit einem Volumen von fast drei Millionen Kubikkilometern.

Auch wenn der größte Teil der Arktis ein Meer ist, verläuft die 10-Grad-Juli-Isotherme dennoch zum größten Teil über Land – im Norden Russlands, Alaskas, Kanadas herrscht arktisches Klima, natürlich in Grönland, mitten durch Island und schließlich sogar ein Stück durch Europa, über den äußersten Zipfel Nordnorwegens verläuft die Klimagrenze. Damit umfasst die Arktis – zusätzlich zum Polarmeer und den vergletscherten Inseln – sehr unterschiedliche Landstriche mit insgesamt etwa vier Millionen wiederum sehr unterschiedlichen Einwohnerinnen und Einwohnern.

Unzählige Abenteuergeschichten haben sich in der Arktis zugetragen, bei den Versuchen, zum nördlichsten Punkt der Welt zu gelangen, und auch bei den Versuchen, neues Land zu finden. Daran hat sich bis heute kurioserweise nicht viel geändert, wenn es nun auch etwas anders abläuft.

Die Küstenlinien der Arktis-Anrainerstaaten sind mehr als 45 000 Kilometer lang, und jeder Küstenstaat hat »Anspruch« auf einen kleinen Teil des Arktischen Ozeans – auf die 200 Seemeilen breite Wirtschaftszone entlang der Küste. Alles außerhalb dieser Zone ist internationales Gewässer und gehört niemandem. Norwegen, Russland, Kanada und Dänemark haben allerdings beantragt, diese Grenzen auszuweiten, mit der Argumentation, dass der Kontinentalschelf der einzelnen Länder über die 200-Meilen-Zone hinausgeht und die Grenze dementsprechend angepasst werden müsste. Eine solche Anpassung hätte weitreichende Folgen für den Umgang mit den unter dem schmelzenden Meereis immer besser erreichbaren Bodenschätzen und deren Abbau. Bohrinseln weit im Polarmeer wären denkbar, für die es keine internationalen Übereinkünfte mehr geben müsste. Dementsprechend stehen damals wie heute mächtige Interessen hinter der Frage nach dem »Besitz« des Nordpols.

Um 1900 war die Arktis ein Spielplatz für Abenteurer, die den Nordpol zum Ruhm ihres Landes erreichen wollten – als dies erledigt war, nahm das Interesse an den nördlichsten Regionen erst einmal wieder ab. Zu Kriegszeiten wurde die Arktis erneut wichtig; meteorologische Daten aus weit nördlich liegenden Stationen waren strategisch bedeutsam für Wettervorhersagen, beispielsweise für Luftangriffe. Auch im Kalten Krieg wurden in der Arktis Ende der Fünfzigerjahre mehr als sechzig Stationen entlang der sogenannten »Distant Early Warning Line« errichtet: Mithilfe von Frühwarnstationen wie der DYE-2 auf dem grönländischen Inlandeis sollten russische Atombombenangriffe frühzeitig entdeckt werden können. Eine wirkliche Zeit der Entspannung folgte in der Arktis auch nach dem Ende des Kalten Krieges nicht, denn dann begann die Schmelze des Meereises immer offensichtlicher zu werden – und damit auch die gestiegene strategische und wirtschaftliche Bedeutung: Verkürzte Seewege, Fischereirechte, Bodenschätze, Tourismus – all das interessiert viele verschiedene Parteien, und es interessiert sie immer mehr. Der Krieg zwischen Russland und der Ukraine schließlich hat die Wachsamkeit der Arktis-Anrainerstaaten noch einmal deutlich erhöht.

Die Arktis unterliegt heute also einem gewaltigen Wandel; es war und bleibt spannend, wie sich dieses riesige Gebiet angesichts der immer länger werdenden meereisfreien Zeit politisch, wirtschaftlich und kulturell entwickeln wird.

Pyramiden: der seelenvolle Geisterort

Am rührendsten war vielleicht die Puppe. Das rosa Plastikbaby lehnte, ohne Kleidung, an der Fensterscheibe eines der hölzernen, halb zugeschneiten Wohngebäude. Den Blick hatte das blonde Püppchen in den blauen Himmel gerichtet, es lächelte. Es musste viele Puppen gegeben haben in Pyramiden, damals, als der Ort noch belebt war. Im Schnee verteilt standen Schaukeln, Rutschen und Klettergerüste, bunte Spielplätze, bereit für viele fröhlich spielende Kinder. An manchen der Schaukeln hingen kleine Kindersitze, in denen schon Babys sicher sitzen konnten, andere Seile endeten starr im tiefen Schnee. In diesem Bild der bewegungslosen Schaukeln lag für mich der ganze Zustand dieses Orts eingefangen: War das Wesen einer Schaukel doch die Bewegung, so war sie hier durch den Schnee ihres Sinnes beraubt. Wie dieser Ort war sie gezwungen, in einem Moment zu verharren, der nicht enden würde.

Am Rand dieses Spielplatzes stand der rostige Rest eines Zauns, kunstvoll war er in die sich abwechselnden Formen von Eisbären und dem nördlichen Teil der Weltkugel geschmiedet. An anderer Stelle stand ein grün gestrichener Holzzaun, in dessen Latten ein gemaltes Bild eingesetzt war, es zeigte eine Vogelmama, die zwischen bunten Blumen ein türkises Kopftuch trug und auf ihr einen Schulranzen tragendes Vogelkind einzwitscherte. Über die glitzernde Schneeoberfläche wehten Eiskristalle zwischen all den Spielgeräten dahin, wie die Flocken, die einst die spielenden Kinder aufgewirbelt hatten. Die Rufe der Kinder von damals waren lange verhallt, doch spendeten die Spuren ihrer Anwesenheit dem Ort auch heute noch auf eine ganz eigenartige Weise Trost und ließen ihn, ganz unerwartet, weniger verlassen, weniger hoffnungslos erscheinen.

Zwei russische Siedlungen gibt es auf Spitzbergen, die unterschiedlicher nicht sein könnten. Das verlassene Pyramiden zeigt das bunte, fröhliche Gesicht Russlands, während Barentsburg lange Jahre einen doch recht herben Charme aufwies. 1910 hatte der Schwede Bertil Högbom unterhalb des gleichnamigen Bergs Pyramiden – der seinen Namen der geometrischen Form verdankt – begonnen, Kohle abzubauen. Die Schweden bauten jedoch nie nennenswerte Mengen ab; 1926 kaufte Russland die Siedlung. Sie gehört bis heute der russischen Firma Trust Arktikugol, russisch für: Arktische Kohle, dieser Name prangt noch immer auf bunten Schildern am Ortseingang. Pyramiden liegt mit dem Schiff nur etwa zwei Stunden von Longyearbyen entfernt im Billefjord, einem nordöstlichen Ausläufer des Isfjords. Und doch hat man hier den Eindruck, man sei eine ganze Ecke weitergefahren und mittenmang in der russischen Arktis gelandet. Ähnlichkeiten zwischen Pyramiden und Longyearbyen gibt es nicht, es sind zwei vollkommen verschiedene Welten. Und man mag es heute kaum glauben, aber als Pyramiden noch aktiv war, war es vermutlich sogar schöner als Longyearbyen. Das war Absicht. Denn Pyramiden sollte tatsächlich ein schöner Ort sein, eine Art Idealsiedlung, in der Menschen an einem eisigen Ende der Welt glücklich leben konnten und in dem es ihnen an nichts fehlen sollte. Ob das gelungen war? Zumindest verströmt dieser Ort, ganz anders als andere

Plätze in der russischen Arktis, tatsächlich dieses Gefühl: dass es ein guter Ort gewesen ist, an dem Menschen gerne gelebt und gearbeitet haben. Man kann das spüren, bilde ich mir ein.

Wir ließen die Puppe hinter uns und gingen über den weiten Platz auf das Gebäude zu, das die Wohnsiedlung Pyramidens beherrscht: das Kultur- oder Gemeinschaftshaus. Die Häuser, die den Platz säumten, waren mit rotem Holz verschalt und trugen weiße Verzierungen, die an den russischen Zuckerbäckerstil erinnerten. Vor dem Kulturhaus grüßte eine Lenin-Büste in die Arktis hinein. Lenins Ausblick war seit Jahrzehnten gewaltig: Stellte man sich neben ihn, schaute man ringsum auf weiße Berge und geradeaus über den Platz und die gefrorene Adolfbukta hinweg bis hinüber zum Nordenskjöldbreen, dem enormen Gletscher, der in der Bucht endete. An dessen Rand waren wir mit den Schneemobilen, die ich so wenig mag, den steilen Berg herunter- und dann über den gefrorenen Fjord in den Ort hineingefahren. Stundenlang waren wir laut hierhergeknattert, und nun dröhnte die Stille dieses Geisterorts in meinen Ohren, im April 2011.

Wir lehnten uns gegen die schwere Tür des Kulturhauses, und mit ihrem Aufschwingen tauchten wir noch ein Stück tiefer in die russische Atmosphäre ein. Wir standen in einer großen Eingangshalle mit riesigen Fenstern, eine breite Treppe führte in den ersten Stock, in dem von einer Galerie weitere Räume abgingen. Die beinahe luftige Architektur dieses Gebäudes musste in der damaligen Zeit eine ganz außergewöhnliche Wirkung gehabt haben; sie hatte wenig Sozialistisches, sie wirkte fortschrittlich und frisch. Und das an diesem Ort!

Wir fanden einen plüschigen Filmvorführsaal und im Nebenraum den Projektor, an dem viele Filmtechnikfans ihre Freude hätten, ich wusste nicht, wie alt dieses Gerät war, aber es war sehr alt. Unzählige Filmrollen lagen zum Teil aufgerollt in einem heillosen Durcheinander auf dem Boden. Ich kniete mich nieder und versuchte zu erkennen, was der Film zeigte, ich sah tanzende Figuren in langen Kleidern. Das Haus war wie eine Schatztruhe. Wir fanden eine Bibliothek, in der es zahlreiche bunte Kinderbücher gab. An vielen Wänden waren Pinnwände angebracht, darauf Fotos von vergangenen Veranstaltungen oder bunte Plakate, die zum Arbeiten, Sporttreiben oder Tanzen motivieren sollten, die gemalten Menschen darauf waren fröhlich und stark. In einem Raum lehnten zwei riesige Balalaikas an der Wand, die keine Saiten mehr hatten. Das grüne Sofa daneben war ausgeblichen und verschlissen, Kleiderbügel lagen darauf. Ein schwarzes Klavier war grau von Staub. Plakate zeugten von Konzerten einer Jazz- oder Rockband, Aufführungen von Tanz- und Theatergruppen. Es musste ganz schön was los gewesen sein hier.

Zum Gebäude gehörte auch eine Turnhalle, hier lag ein Lederball auf dem knarzenden Holzboden, hinter der Tür hatte jemand eine mannsgroße Hand aus bemaltem Holz deponiert, die eine Fackel trug, sie musste zu einer riesigen Figur gehört oder für sich das olympische Feuer dargestellt haben – man wusste es nicht mehr. Auf einem Sims standen drei Pokale, im typischen Sowjetstil war auf den linken ein Gewichtheber, den mittleren eine Turnerin und den rechten ein Diskuswerfer gemalt, umrankt von Lorbeeren.

Wir traten wieder hinaus aus dem Kulturgebäude und näherten uns als Nächstes dem Schwimmbad. Dessen Eingangshalle war noch schöner. Durch bunte Glasscheiben sonnenbeschienen, führte eine prachtvolle Treppe nach oben.

Wir gelangten in eine absolut wundervolle Schwimmhalle: Die sorgsam gelegten Fliesenmuster wurden an den Wänden abgelöst von dunklen Holzvertäfelungen, in die Blumen geschnitzt waren. Erwartete man das hier, an diesem Ort? Hatte sich je in Longyearbyen jemand derartig bemüht mit Schnitzereien an Treppen- oder Tribünengeländern? Wir kamen aus dem Staunen nicht mehr heraus. Auch die Wandlampen waren weiße Blumenblüten. Wie schön musste es gewesen sein, als in dieser Halle Wettkämpfe ausgetragen wurden, als auf der Tribüne Menschen jubelten oder einfach Kinder ins Wasser sprangen, 1200 Kilometer vom Nordpol entfernt? Heute lag nur noch eine Badehose auf dem Boden. Wir verließen das Schwimmbad nur widerwillig.

Den Menschen hier wurde viel geboten. Tatsächlich war es keine Strafe, hier zu sein, in der Kälte der Arktis, sondern eine Belohnung. In den Kohlesiedlungen Russlands und der Ukraine wurden die besten Arbeiter ausgewählt; sie durften dann für zwei Jahre in Pyramiden arbeiten und ihre ganze Familie mitnehmen – und fanden hier bessere Arbeits- und Lebensbedingungen als in ihrem Heimatland vor. Nach zwei Jahren allerdings mussten sie wieder zurück und andere in diese Utopiestadt nachrücken lassen.

Wir gelangten nun in das Gebäude, das die Kantine beherbergte, den zentralen Ort, an dem alle Ansässigen zu essen bekamen, und wussten nicht mehr, welches der Häuser uns nun am meisten erstaunte. In der Kantine führte eine knallbunte, zweigeteilte Treppe in den ersten Stock, die auf halber Höhe zusammengeführt wurde und so geschwungen im großen Saal endete. Allein dieses Treppenbauwerk war in seiner bloßen Existenz und Farbgewalt schon erstaunlich, doch an der Wand dahinter prangte ein nicht anders als prächtig zu nennendes, riesengroßes Mosaik, in den vorherrschenden Farben Weiß-Blau-Silber. Es zeigte einen Eisbären auf einer Scholle, im Hintergrund Berge, darüber eine strahlende Sonne, ganz rechts Gebäude, die wohl Pyramiden darstellen sollten. Ein solches Mosaik an einem solchen Ort vorzufinden, das machte uns sprachlos.

Die Arbeiter konnten hier an einer schönen, langen Holztheke ihr Essen abholen, die Wände dahinter waren mit rotem Stoff bezogen, gesäumt war die Theke von Holzsäulen, wiederum kunstvoll geschnitzt. In der Großküche dahinter fanden wir riesige Teigmischmaschinen und Kochgerätschaften aller Art. Wenn man wollte, könnte man das alles auch wieder in Betrieb nehmen, dachte ich.

Wie geschäftig es hier zugegangen sein musste. Denn Pyramiden wurde nach dem Zweiten Weltkrieg zur größten und wichtigsten Kohlesiedlung der Sowjetunion in der Arktis, vor allem, nachdem Barentsburg fast vollständig zerstört worden war. Um die tausend Menschen lebten hier mitunter. Nach 1990 wurde zusätzlich der Tourismusbetrieb begonnen und das Hotel Tulpan gebaut. So wurde zu Beginn der 1990er-Jahre noch kräftig investiert, und erst einmal ließ nichts darauf schließen, dass die Tage Pyramidens gezählt waren. Aber bald wurde der Kohleabbau immer unrentabler. 1996 begann die große Abreise, im Oktober 1998 fuhr die letzte Lore aus dem Bergwerk, und die Siedlung wurde verlassen. Die allerletzten Bewohnerinnen und Bewohner zogen im Jahr 2000 fort. Die Geschichte des bewohnten Pyramidens war vorbei; nun begann die des Geisterorts.

In den ersten Jahren, als niemand hier war, wurden viele Gebäude geplündert, Devotionalien aus Sowjetzeiten mitgenommen und dergleichen. Es entstand ein *Lost Place*, eine jener Stätten, die wirkten, als sei ihre Bevölkerung gerade erst fortgegangen. Es gibt viele Menschen, die die Aura solcher

Plätze fasziniert, und ich gehöre sicher zu ihnen. Man kann hier häufig noch so viel spüren, so vielem nachsinnieren, hineininterpretieren, Spuren suchen. Etwas Magisches liegt über ihnen. 2007 kamen dann die ersten permanenten russischen Bewohner nach der aktiven Zeit zurück. Sie zogen in das alte Hotel, räumten auf und schützten Pyramiden vor weiteren Plünderungen und Vandalismus.

Unser Weg führte uns nun als Letztes in eben dieses Hotel Tulpan, neben dessen Eingang stählerne rote Tulpen im Boden steckten, mehr als einen Meter hoch. Bot das Hotel eine Zeit lang nur für die russischen Instandsetzer Platz, kann man heute auch wieder als Urlaubsreisende dort übernachten. Wir wähnten uns urplötzlich in einem Palast des Zaren, denn der Saal des Hotels war prächtig: Kunstvoll war hier Parkett verlegt, die Saaldecke wurde getragen von Säulen, die halb mit Holzschnitzereien verziert und halb mit rotem Stoff bespannt waren. Die Decke war teils mit weißem, gemustertem Stoff verkleidet, teils mit goldenen Ornamenten verziert. Alles in allem auch das wieder ein Anblick, den man hier nicht erwartete, schon gar nicht, wenn man sich an die skandinavisch-nüchterne Funktionalität Longyearbyens gewöhnt hatte. In dieser pompösen Umgebung wurde nun wieder eine Bar betrieben, der bisher bekannteste Gast war wohl ein Eisbär, der vor einigen Jahren in das Hotel eingebrochen war und die vielen Flaschen an der Bar gründlich inspiziert hatte.

Neben dem Hotel standen große Wohngebäude aus Ziegel, auf den Fensterbrettern waren Holzkästen angebracht, die einst als Kühlschränke gedient hatten. Nun nisteten Möwen darauf, in beinahe jedem Fenster türmte sich ein Nest auf, ihre Spuren zogen sich die Fassade hinunter. Die Wohnhäuser waren beinahe die einzigen, die nicht so kunstvoll verkleidet waren, sie sahen recht einfach aus. All die anderen waren entweder mit dem mehrfarbigen Holz verziert, oder es waren Muster in die Ziegelwände gemauert. Ein Polarfuchs kam unter dem Hotelgebäude hervor und schwänzelte über den weiten Platz, er schnupperte und tänzelte herum, den Genossen Lenin ließ er links liegen.

Es war Zeit für uns, diesen absonderlichen Ort wieder zu verlassen. Unser Weg führte uns unter der gewaltigen ehemaligen Förderanlage hindurch, ein stählernes Gerippe, mehrere Stockwerke hoch, obendrauf ein Förderband. Die Anlage, die mich an ein Aquädukt erinnerte, endete natürlich im Hafen, wo die Kohle auf Schiffe geladen wurde. Ein letztes Mal versuchte ich mir vorzustellen, wie Pyramiden gewesen sein musste, als hier tausend Menschen lebten und arbeiteten, als hinter mir auf dem großen Platz Kinder tobten und vor mir die Kohle auf dem Förderband zum Hafen rumpelte, schwarzen Staub auf den Schnee wirbelnd. Bestimmt hätte man Rufe gehört, Kommandos und Befehle, vielleicht auch ein Lachen, Quietschen und Knirschen und Schlagen von Maschinen. Bei unserem Besuch hörten wir nur noch unsere Motorschlitten.

Wir stoben über den gefrorenen Fjord auf den Nordenskjöldbreen zu, der so uneinnehmbar aussah, und doch konnte man an seiner Seite den Berg erklimmen. Kurz hielten wir an, ein Stück entfernt von der Stelle, an der der Gletscher in das gefrorene Meer stieß. Die Sonne begann zu sinken, als wir weiterfuhren, und als wir nach einigen Stunden in den Tempelfjord einbogen, waren wir gehüllt in goldenes Licht. Hier wartete noch ein anderer besonderer Ort auf uns. Von Weitem schon sahen wir die *Noorderlicht*, das Schiff im Eis. Der niederländische Segler ließ sich von 2002 bis 2015 jeden

Winter in diesem Fjord einfrieren; man konnte dann Ausflüge dorthin unternehmen, mit Hundeschlitten, Schneemobilen oder Skiern, und auch dort übernachten. Es war ein seltsamer Anblick, ein Bild wie aus einem Geschichtsbuch, aus einer Zeit, in der Segelschiffe nicht freiwillig einfroren auf dem Weg zu großen Entdeckungen, in der sie bedroht und nicht selten zerquetscht worden waren von den Eismassen. Diese Gefahr bestand hier im Fjordeis nicht, und es half auch, dass die *Noorderlicht* aus Stahl und nicht aus Holz war.

Als wir die Motoren unserer Schlitten abstellten und sich Stille über uns senkte, sprangen die Hunde auf, die neben dem Schiff in einer Reihe angekettet waren, und begannen zu heulen. Das Licht, das Schiff, die Hunde, dieses Heulen, all das ergab eines jener Arktisbilder, die für immer in meinem Kopf weiterbestehen werden, ich brauchte keinen Fotoapparat dafür. Wir kletterten an Bord des mit Eis überzogenen Schiffs und bekamen im gemütlichen Salon der *Noorderlicht* dampfende heiße Schokolade. Ich staunte das berühmte Schiff an; noch wusste ich nicht, dass ich wenige Jahre später Fahrten auf dieser kleinen Schönheit leiten würde.

Dann zog es mich wieder nach draußen, ich schritt um das Schiff herum und schaute mir an, wie es im Eis lag, ich ging langsam auf die Hunde zu und musste dann natürlich alle streicheln, diese kleinen, starken Motoren, mit denen sich so viel schöner reisen ließe.

Wir dagegen kletterten schließlich wieder auf die Sitze unserer Schneemobile, ließen die Motoren an, die die Stille zerrissen, und dröhnten bis Mitternacht zurück nach Longyearbyen, über das letzte Stück Weg, das uns endgültig wieder fortbrachte aus Russland.

Die Stadt der Walfänger

Der Wind fegte über Smeerenburg hinweg und trieb harte Schneekristalle vor sich her, die in die Wangen und die bloßen Hände stachen. Wenn heftigere Böen kamen, boten die dürftigen Dächer über den Tranöfen keinen Schutz. Der einzige Vorteil des Windes war, dass er den Gestank nach geschmolzenem Fett und verbranntem Öl, der sonst über Smeerenburg hing, verblies und damit erträglicher machte. Aus den Kesseln dampfte es, das Feuer qualmte, Smeerenburg glich einer kalten Abteilung der Hölle. Das Umrühren der zähen Masse war kräftezehrend; dennoch war der Dienst an den Kesseln beliebter als die anderen Aufgaben, strahlten die Kessel doch Wärme ab. Diejenigen Walfänger, die in den Ruderbooten unterwegs waren, hatten die härtere Arbeit. Sie suchten nach den Tieren, was im 17. Jahrhundert, als das große Schlachten erst begann, noch leicht gewesen sein muss; es gibt Erzählungen, in denen von vor Walen »fast kochendem« Wasser berichtet und behauptet wird, man habe selten an Land rudern müssen, da man über die Rücken der Wale hinweg von einem Schiff zum Ufer hüpfen konnte. Letzteres halte ich für Walfänger-Latein, und doch muss sich den Männern damals ein ganz anderes Bild geboten haben als uns heute, mit Meeren, die viel reicher waren.

Zu sechst saßen sie meist in den Fangbooten, der Harpunier mit seiner Wurfharpune, vier Ruderer, ein Steuermann. So näherten sie sich den auftauchenden Walen, harpunierten sie, und mit Glück erlegten sie sie. Häufig aber gelang das nicht; so manches Boot wurde von den verletzten, verängstigten Walen auf ihrer Flucht ins Verderben gezogen. Auch wenn es gut ging, wurden die Männer in den Booten häufig nass, kalt war ihnen sowieso. Wenn es ihnen gelungen war, einen Wal zu töten, zogen sie ihn mit dem Boot zu der Trankocherei, wo er mittels Seilwinden an Land gehievt wurde. Dort wartete der Flensertrupp, Männer, die dem Wal die dicke Speckschicht abschnitten, die Speckteile in Fässer füllten, die sie zu den Öfen hinaufrollten. Auch diese Arbeit war schwer, ihre Werkzeuge unzureichend, auch diese Männer wurden nass, wenn sie die Wale aus dem Wasser zogen.

Passende Kleidung, um sich vor diesen Widrigkeiten des arktischen Wetters zu schützen, besaßen sie nicht. Die Männer trugen flache Lederhalbschuhe, die unter den Knöcheln endeten und keine Wärme boten, häufig hatten sie keine Handschuhe, nur Woll- oder Lederkleidung; wer reich war, trug eine Wollmütze. Nie war ihnen warm, klamm und kalt verbrachten sie ihre gesamte Zeit, die sie als Walfänger unterwegs waren. Wenn sie Glück hatten, kamen sie reich nach Hause, wenn sie Pech hatten, fanden sie auf dem flachen Feld hinter den Kochereien ihre letzte Ruhestätte. Dort ragten schon viele Kreuze in den Himmel, und stets kamen mehr hinzu.

Zu Hause warteten auf viele der Männer Frauen mit mehreren Kindern, vielleicht arbeiteten sie als Wäscherinnen oder Näherinnen, vielleicht aber konnten sie sich nur um die Kinder kümmern; sie alle warteten auf den Mann und Vater, denn wenn er kam, wurde das Elend ein bisschen gemildert, eine Zeit lang wenigstens. Oft aber kam er nicht, oft konnten die Frauen, die in den kleinen Häfen der Walfangdörfer der Niederlande, Dänemarks, in Großbritannien oder Deutschland warteten, nur die dürftig zusammengeschnürten Habseligkeiten ihrer Männer in Empfang nehmen, Geld gab es dann keines und Hoffnung auch nicht.

Ist es so gewesen? So zumindest stelle ich mir diesen Ort vor, Smeerenburg, in der Nordwestecke Spitzbergens. Smeerenburg ist wohl der einzige Ort des Archipels, an dem ich es gut finde, wenn es nieselt und der Wind pfeift, wenn es so richtig ungemütlich wird, während wir dort an Land sind. Denn dann kann man sich doch ein bisschen besser vorstellen, wie ungemütlich, hart, zäh die Tage, der immerwährende Kampf ums Leben der Walfänger einst waren. Selbst wenn man das warme, sichere, komfortable Schiff, mit dem wir unterwegs sind, dabei immer im Blick hat und wenn man weiß, dass es abends etwas Warmes und Gutes zu essen geben wird, und wenn man überhaupt in Kleidung gehüllt ist, die einen die Kälte, den Wind und den Regen gut aushalten lässt. Viel gibt es nicht mehr zu sehen in Smeerenburg, doch sind noch immer Spuren und Reste zu finden, die zusammen mit Erzählungen ein gutes Bild abzugeben in der Lage sind. Wie an so vielen Orten Spitzbergens braucht es auch hier die eigene Fantasie, um die Bedeutung des Orts erfassen zu können und das, was hier einst geschehen ist.

1614 haben niederländische Walfänger diese Landzunge von Amsterdamøya zum ersten Mal benutzt, es war ein idealer Ort, der alle Anforderungen einer Landstation für den Walfang erfüllte. Der Standort in der Nordwestecke Spitzbergens lag mitten in den walreichen Gewässern, aber dennoch geschützt, im Südosten von Amsterdamøya. Ein breiter, flacher Sandstrand bot viel Platz, um die Tranöfen zu errichten, es gab Trinkwasser, das vom dahinterliegenden Berg heruntertröpfelte, von dem aus man außerdem einen guten Überblick über das Meer hatte. Von den vielen Walen hatten zurückgekehrte Expeditionen berichtet, als Erster Willem Barents, der die Inseln 1596 entdeckt hatte. Die Kunde dieser reichen Gewässer verbreitete sich schnell unter denjenigen, die ihr Glück auf der Jagd suchten, und so machten sich gleich zu Beginn des 17. Jahrhunderts die ersten Schiffe gen Norden auf und bestätigten die Erzählungen, wenn sie mit reicher Beute zurückkehrten. Zunächst war es nur das Öl der Wale, das anfangs nur aus dem Speck gewonnen wurde und viele Begehrlichkeiten weckte. Die Straßen der großen Städte lagen bald im Lichtschein der Öllampen, in denen das flüssige Fett der Wale verbrannt wurde, es diente als Schmiermittel oder fand Anwendung in der Seifenproduktion. Bald geriet der Wal zu einem Gemischtwarenladen, denn auch seine Barten konnte man verwenden, es war das »Plastik« der damaligen Zeit, ein Material, das man gut biegen konnte, ohne dass es brach – perfekt, um Regenschirme oder Korsetts daraus zu fertigen. Man stelle sich das einmal vor.

In Smeerenburg also errichteten die Niederländer und auch die Dänen ihre Landstationen. Bald standen dort mehrere Tranöfen, aufgereiht auf dem feinen Sandstrand. Diese Öfen bestanden aus Ziegeln, die auf den Schiffen mitgebracht wurden und mit sogenanntem Speckbeton zu Fundamenten und Mauern wurden. Selbst diese Bauten also mussten schon nach Wal gerochen haben, denn der Speckbeton bestand aus Kies, Sand und: Walöl. Schornsteine und Überdachungen vervollständigten die Öfen. In den ersten Jahren wohnten die Walfänger in Zelten, wahrscheinlich 1619 aber wurden feste Gebäude errichtet, nicht nur als Unterkünfte, sondern auch Werkstätten, Schmieden oder Zimmereien fanden Platz. Die einzelnen Öfen wurden von verschiedenen Städten betrieben; in Smeerenburg waren das, von Westen beginnend, Kopenhagen und Hoorn, Delft, Enkhuizen und Veere, Vlissingen, Middelburg und schließlich Amsterdam.

Um die Walfängerorte im hohen Norden rankten sich bald aberwitzige Erzählungen. Tausende Menschen würden dort jeweils arbeiten, richtige Städte sollten es also sein, mit Theatern, Kneipen, Kirchen und den unvermeidlichen Bordellen. William Scoresby, der englische Entdecker, schrieb 1820, dass in jeder Saison zwei- bis dreihundert Schiffe nach Smeerenburg gekommen seien, mit bis zu 18 000 Menschen an Bord. Und sogar Fridtjof Nansen, der doch sonst immer bemüht war, nach bestem Wissen und Gewissen zu berichten, saß diesen Erzählungen auf: In seinem 1921 erschienenen Spitzbergen-Buch schrieb er: »*Hier stand damals, vor mehr als 250 Jahren, eine ganze Stadt mit Läden und Straßen. Wohl 10 000 Menschen im Sommer mit dem Lärm von Packhäusern, Trankochereien, Spielerkneipen, von Schmieden und Werkstätten und Schänken und Tanzböden. An diesem flachen Strand wimmelte es von Booten mit Seeleuten, die eben von dem aufregenden Walfang kamen, und von Frauenzimmern in bunten Farben, die auf Männerfang ausgingen.*«

Die Wahrheit aber war wohl deutlich trister. Neuere archäologische Forschungen konnten keine Spuren ganzer Städte, sondern lediglich von weniger als zwanzig Gebäuden finden. Während der Sommermonate hatten höchstens 200, nicht 20 000 Menschen in Smeerenburg gearbeitet. Und noch etwas fand eine niederländische Expedition heraus, die 1979 bis 1981 Grabungen in Smeerenburg anstellte: In all den vielen Gräbern lagen Männer, junge Männer, die meisten nicht einmal dreißig Jahre alt. Sollte es zu dieser Zeit Frauen auf Spitzbergen gegeben haben, in Bordellen oder wo auch immer, so war zumindest keine von ihnen gestorben oder im Norden begraben worden. Wahrscheinlicher aber war, dass überhaupt nie Frauen mit den Walfängern gereist waren.

Die Gräber erzählten auch noch andere Geschichten. Die kalten Grabstätten im Permafrostboden, die über weite Teile des Jahres tiefgefroren waren, waren viel besser erhalten, als Gräber in südlicheren Gefilden es nach so langer Zeit sind. So trugen die Leichname noch ihre Kleidung, oder man konnte zumindest noch sehen, wie die Kleidung ausgesehen haben musste. Dass es so jämmerliches Schuhwerk war wie eingangs beschrieben, weiß man aus diesen Gräberfunden. Man erkannte sogar, dass es unter den Walfängern eine typische Mütze gegeben haben musste, eine Wollmütze mit Streifenmuster, denn sie wurde häufig in den Gräbern gefunden. Mützen mit diesem Muster und auch in der ursprünglichen Form werden heute wieder, designt von einem Guide, in den Souvenirläden Longyearbyens und Ny-Ålesunds verkauft. Sie sind sehr beliebt, denn sie sind warm und sehen gut aus.

Dieses Leben also fand in den Sommermonaten in den Landstationen statt. Am Ende der Saison verließen die Schiffe jedes Jahr den unwirtlichen Norden und kehrten nach Süden zurück, auch natürlich, um den Fang nun zu Geld zu machen. Weil man im nächsten Jahr wiederkommen wollte, wurde an den einzelnen Orten viel Gerät zurückgelassen, und natürlich blieben auch die Tranöfen zurück. Wenn die Walfänger nach dem Winter zurückkehrten, stellten sie nicht selten fest, dass ihre Stationen zerstört und alles, was nicht niet- und nagelfest war, gestohlen war. Denn wo viel Geld zu verdienen war, entwickelte sich auch damals schon viel

Konkurrenz. Die Niederländer hatten irgendwann von den Plünderungen genug und beschlossen, eine Wachmannschaft über den Winter in Smeerenburg zu lassen. Sieben Männer blieben von 1633 bis 1634 an dem unwirtlichen Ort, der in der Polarnacht noch deutlich ehrfurchtgebietender sein musste. Sie schafften es durch die dunklen Monate hindurch, und so beschloss man auch im folgenden Winter, einen Wachtrupp zu stationieren. Doch dieser Gruppe war weniger Glück beschieden, niemand überlebte die Überwinterung.

Man stelle sich vor: Ein Großsegler gleitet in den Smeerenburgfjord, nach der langen und beschwerlichen Überfahrt aus dem Süden. Viele Männer stehen an Deck, halten Ausschau nach ihren Kameraden, sie malen sich aus, wie sich diese freuen mussten, endlich nicht mehr allein zu sein – so, wie im letzten Jahr. Vielleicht waren Freunde oder Brüder darunter, vielleicht hatten einige schon viele Jahre zusammengearbeitet. Doch als sich das Schiff der Landzunge nähert, rührt sich nichts in den Gebäuden, niemand kommt. Der Anker fällt, ein erstes Ruderboot wird fertig gemacht und setzt über an Land. Das alles dauert eine Weile, doch immer noch rührt sich nichts. Sie ziehen ihr Boot an Land und stehen unschlüssig am Strand, die Wellen schlagen ans Ufer, an dem noch Schnee liegt. Sie laufen hinauf zu den Gebäuden – und finden alle Männer tot, kalt, gefroren. Sie liegen da, in einer seltsam gekrümmten Haltung, sie mussten große Schmerzen gelitten haben vor ihrem Tod. Und so hatten die Neuankömmlinge gleich zu Beginn die traurigste Aufgabe, die man nur haben konnte, sie mussten ihre Kameraden in dem kalten Boden begraben.

Gestorben waren die Männer an Skorbut. Das kann man an der gekrümmten Haltung erkennen, noch deutlicher wurde es aber durch die Ausgrabungen und Untersuchungen, bei denen an den Gebeinen der Unglücklichen deutliche Zeichen des Vitaminmangels gefunden wurden.

Wegen dieses tragischen Unglücks wurden in den nächsten Wintern keine Wachen mehr zurückgelassen, auch wenn die Konkurrenz nicht weniger wurde. Die Niederländer und Briten einigten sich schließlich darauf, dass die Niederlande die Nordwestecke bejagen durfte, während die Briten ein Stück weiter südlich bleiben sollten, vor dem Magdalenefjord. Auch dort ist mit dem *Gravneset* ein immenses Gräberfeld zu sehen, das nach fortwährenden Grabplünderungen nicht mehr betreten werden darf. Es hatten wohl einige Reisende gedacht, der Schädel eines Walfängers mache sich gut zu Hause im Wohnzimmerschrank, zumindest waren jahrelang so viele Gebeine verschwunden, dass man diesen Schändungen irgendwie beikommen musste. Auch andere Gräberfelder dürfen deswegen heute nicht mehr besucht werden.

Die Walfänger wurden schließlich sogar von Kriegsschiffen begleitet, um sie gegen Angriffe anderer Nationen zu schützen. Auch wegen der Bedrohung der Landstationen beeilte man sich, die Walfangtechnik so zu verbessern, dass man die Wale schon auf den Schiffen verarbeiten konnte. Teilweise wurde der Speck sogar ungekocht nach Süden transportiert, was an Bord der Schiffe zu einem eigenwilligen Duft geführt haben muss. Mitte des 17. Jahrhunderts nahm die Bedeutung von Orten wie Smeerenburg schnell ab – auch, weil die einst so reichen Wasser nach diesen wenigen Jahren der Jagd schon nicht mehr so reich waren. Die Spitzbergen-Population des Grönlandwals, der den traurigen Beinamen »Right Whale«, der »richtige Wal«, für die Jagd bekommen hatte, war arg dezimiert worden. In einer Saison wurden manchmal mehr als tausend Grönlandwale gefangen. Fragen der Nachhaltigkeit oder der Erhaltung einer Population spielten keine Rolle. Die einzige Folge, die damals erkannt wurde, war: Der Spitzbergen-Walfang lohnte sich nicht mehr.

Die Walfänger zogen weiter, die Fangtechniken entwickelten sich weiter, und vor allem nach der Erfindung der Kanonenharpune durch den Norweger Svend Foyn war es möglich, jeden Wal zu jeder Zeit in jedem Meer zu erlegen, also auch die größten Wale wie Blau-, Finn- oder Pottwale, und man brauchte nicht einmal mehr eine ruhige See dafür. Die Waljagd ist bis heute die größte Jagd aller Zeiten, wenn man nach Gewicht zählt. Betrachtet man einzelne Exemplare, hat nur die Bisonjagd eine noch erschreckendere Bilanz. Die Sicht auf Wale als eine nützliche und gewinnbringende Ressource änderte sich erst in den letzten Jahrzehnten, auch dank der ersten Unterwasseraufnahmen von Walen und der Forschungen, die feststellten, dass Wale komplexe Gehirne haben. So sind beispielsweise die Areale, die für das Soziale zuständig sind, bei Walen um ein Vielfaches größer als beim Menschen. Wir wissen also eigentlich gar nicht, mit was für Wesen wir es hier zu tun haben, wir verstehen immer noch nicht, wie vielschichtig sie miteinander interagieren und vielleicht viele Dinge tun, die für uns unvorstellbar sind. Was man sich aber gut vorstellen kann, ist, dass es diese Lebewesen, wie alle Lebewesen der Welt eigentlich, nicht verdient haben, zu Lampenöl oder Regenschirmen verarbeitet zu werden, auf dass der Mensch es hell und trocken habe.

Noch immer muss man auf Spitzbergen schon sehr großes Glück haben, um noch Grönlandwale zu sichten. Die dortige Population hat sich noch immer nicht von der Jagd erholt. Sie ist weg.

Im Liefdefjord

Was war ich froh, als der Nebel doch noch verschwand. Stundenlang waren wir durch diese Suppe gestochert, weil ich das so wollte, auf einer Reise im Sommer 2014. Zum ersten Mal war ich Expeditionsleiterin auf der *Antigua*. Zum ersten Mal konnte ich also bestimmen, wo wir hinfuhren, immer in Absprache mit dem Kapitän natürlich. Kapitän Joachim hatte in diesem Fall sehr, sehr wenig Lust gehabt, weiter in den Fjord hineinzufahren, was ich auch gut verstehen konnte. Im Wasser trieben Meereisschollen und Gletschereisbrocken. Nebel und Eis ist für kein Schiff eine bequeme Kombination, man überblickt wegen der geringen Sichtweite nicht, in welche Eissituation man sich hineinbegibt, die Eisschollen und -brocken sind immer erst aus kurzer Distanz erkennbar. Man fährt also langsam, jemand sitzt auf dem Klüverbaum, es ist anstrengend.

Trotzdem hatte ich mich durchgesetzt; wenn man zum ersten Mal eine solche Tour leitet und es mit lauter sehr erfahrenen Leuten zu tun hat, gar nicht so einfach, zumindest für mich. Aber ich wollte zum Monacobreen, zu jenem Gletscher, dessen Front zusammen mit dem Seligerbreen auf acht Kilometern Breite hinten im Liefdefjord endete, im Hintergrund des Eises zackige Spitzbergenberge – und ich hatte das Gefühl, dass es dort, weiter drinnen, eben nicht so neblig, gar nicht neblig war, und deswegen wollte ich es versuchen. Diese Suppe, mit der wir es zu tun hatten, war eine Meerwassernebelsuppe, dachte ich. Weiter drinnen, wo Land und Gletscher vorherrschten, vermutete ich freie Sicht. Diese Vermutung teilte die Schiffscrew nicht vollständig. Deswegen wurde ich durchaus nervös, als wir immer weiter drinnen waren im Fjord, der Nebel aber nicht weniger werden wollte.

Dann aber gab es ein Geschenk. Für uns alle, vor allem aber für unsere Gäste. Denn die wussten ja nicht, was sie da erwartete. Natürlich hatte ich erklärt, dass unser Ziel dieser Gletscher war, aber wie schön, wie umwerfend dieser Ort war, das konnten sie sich ja nicht vorstellen. Und nun passierte es so, wie es besser überhaupt nicht hätte passieren können. Zusammen mit Steuermann Isma saß ich vorne auf dem Klüverbaum. Seit mehreren Stunden navigierten wir in diesem Nebel und Eis herum, grau die Welt um uns. Eisfahrten im Nebel sind etwas ganz Eigenartiges; es ist, als ob der Nebel alles verschluckt, die Sonne, die Farben, alles Strahlen, selbst die Geräusche und sogar den Wind. Vögel tauchten immer wieder aus den Schleiern auf, umkreisten uns und lösten sich wieder auf im Dunst, sie verschwanden so lautlos, wie sie kamen. Man hörte nicht wie sonst auf Spitzbergen aus der Ferne das Kreischen zahlloser Vogelkehlen an irgendeinem Felsen. Alles war still, und dazu rührte sich kein Lüftchen. In dieser Stille glitt die *Antigua* zwischen den Schollen hindurch, einzig die Funksprüche zwischen Steuerhaus und Klüverbaum durchbrachen die Ruhe immer wieder und ab und an das hohle Kratzen des Eises an der Schiffshülle; es war so durchdringend still, dass man die Worte aus dem Funkgerät auf dem ganzen Deck blechern hören konnte.

Ich konnte mir so gut vorstellen, wie einst Geschichten von Geisterschiffen zustande gekommen waren, gruselige Erzählungen von Segelschiffen, die ohne Bemannung und mit zerrissener Takelage an einem vorüberzogen. In diesem schwindlig machenden Weiß vermutete man so manches, wenn man lange genug hineinstarrte.

In dieser Atmosphäre also schlichen wir dahin, und es war gut, dass es so lange dauerte. Denn je länger man wartet, umso dankbarer wird man für alles, was dann kommt, umso mehr wert ist es. Viele unserer Gäste standen immer noch fasziniert von dieser Nebelfahrt an Deck, fragten sich aber wohl auch, ob sich das alles lohnen würde. Aber dann geschah es. Erst kaum merklich, begann der Nebel dünner zu werden, auf einmal sahen wir die Schollen vor uns schon viel früher. Wir blickten um uns herum und über uns und entdeckten blaue Flecken im Himmel. Schneller, als wir es uns vorstellen konnten, wand sich die *Antigua* aus diesem meilendicken Nebel heraus. Ich erinnere mich an diese Momente wie an das Öffnen des Vorhangs auf einer Theaterbühne. Denn so schnell passierte es beinahe, mit dem Unterschied, dass unsere Bühne kilometerbreit war. Mir war selbst nicht bewusst gewesen, wie nahe wir schon am Fjordende und damit an der Gletscherfront waren. Aber nun verschwand der Nebel und gab den Blick auf unsere großartige Umgebung frei, auf alles, was wir bisher nicht gesehen hatten: den Gletscher, die Berge, die Gipfel im Sonnenschein.

Ein lautes Raunen ging durch die Reihen der Gäste. Breit grinsend drehte ich mich um und schaute zum Steuerhaus zurück, wo ebenfalls breit gestrahlt wurde. Hatten wir doch Glück! Es lag einer der schönsten Nachmittage meiner Spitzbergenzeit vor uns. Bei diesem Nebel war kein anderes Schiff zum Gletscher gefahren, wir waren allein. Das Wasser vor uns leuchtete in einem tiefen Grün, darauf schwammen weiß strahlende Eisschollen, dazwischen schienen gletschereisblaue Gletscherbrocken zu schweben, doch natürlich drifteten sie in Ruhe vom Gletscher fort. Auf einigen der weiter entfernten Schollen sahen wir Walrosse liegen. Dahinter, nicht mehr weit, bauten sich die Gletscherfronten des Monaco- und Seligerbreen auf, jene gewaltigen acht Kilometer, die von spitzen Bergen eingerahmt wurden. Eine nicht anders als gigantisch zu nennende Kulisse. Dass wir uns diesem Landschaftsbild, das für mich immer eines der schönsten in der ganzen Inselgruppe gewesen ist, nun nicht langsam angenähert hatten, sondern dass es uns wie mit einem Paukenschlag so unvermittelt präsentiert wurde, das war eine so tolle Wendung, dass Isma – der sich auch gefragt hatte, was das bringen sollte, stundenlang als Eiswache auf dem Klüverbaum vor sich hin zu frieren – einen wunderbaren Satz gelassen aussprach. Es sei doch ein *»fucking nice happening«*, kommentierte er, und es wert gewesen, herzukommen. Strahlende Gäste riefen nach dem Rest der Gruppe, der auch an Deck sprang, die Freude war groß. Unser kleines Schiffchen vor dem großen Gletscher, alle waren glücklich. Nun konnten auch die Navigierenden endlich ihre Augen und Sinne eine Weile ausruhen lassen. Alles war gut.

Wir stellten den Motor ab, alles, was unnötig Geräusche machte, verstummte. Nur in Pullovern oder T-Shirts gekleidet standen wir an Deck, reckten uns der Sonne entgegen und hörten dem flüsternden Eis zu, das um uns herum langsam schmolz, kleine, durchsichtige Eisstückchen mit unzähligen Luftblasen darin klonkten und bonkten gegen unsere Schiffshülle, knisterten und knasterten rund um uns herum.

In jeder Richtung gab es etwas zu sehen, fjordauswärts die Walrosse auf den Schollen, fjordeinwärts die Eiswand, rundherum die Farben des Meers. Dreizehenmöwen umkreisten uns, jetzt kreischten sie auch wieder, seltsamerweise.

Einige Gäste begannen, in den höchsten Mast zu klettern, nach gründlicher Einweisung und mit Kletterausrüstung ausgestattet. Unbezahlbar, der Blick von dort oben, die Fotos des Bugs der *Antigua* zwischen den Schollen, dahinter der Gletscher. Man brauchte Zeit, all das auf sich wirken zu lassen. Mit dampfendem Tee standen die Menschen an Deck und bewunderten die Welt.

Als das erste lange Staunen vorbei war, erklärten wir den Menschen, was sie hier sahen, die Gletscherschmelze, die Veränderungen, die der Monacobreen durchlaufen hatte, sein massives Zurückweichen der letzten Jahre. Auch das muss sein auf diesen Reisen, die Vergänglichkeit dessen, was wir sehen, ab und an zu verdeutlichen. Wir wussten es noch nicht, doch dies sollte eine der letzten Reisen sein, auf denen wir diese Gletscherfront so sehen konnten.

Die Sonne wärmte uns, das Wasser schimmerte grün. Was lag also näher, als schwimmen zu gehen? So öffneten wir die Tür an der Reling und hängten die Leiter hinaus. Erfrischt schaudernd kletterten einige unserer Mitreisenden in dieses Meer hinein, das so einladend schimmerte wie ein Bergsee im Hochsommer. Ein paar Schwimmzüge, mehr war bei den meisten nicht drin, drei Grad hatte das Wasser. Ein paar schnelle Schwimmer schafften es bis zu einer herandriftenden Eisscholle und kletterten auf sie hinauf, ritzten sich an den scharfen Kristallen die Haut auf. Doch nichts trübte den Wasserspaß, immer mehr ließen sich dazu hinreißen, hineinzusteigen in den arktischen Fjord. Wann, wenn nicht jetzt?

So verbrachten wir hier einen ganzen Nachmittag, blieben ganz allein an diesem wunderbaren Ort, bekamen Besuch nur von einem Zwergwal, der sich immer wieder um uns herum zeigte, genossen dieses Bild, das so einzigartig war und in dem wir die Freude hatten, mittendrin zu liegen. Irgendwann aber mussten wir auch hier wieder Abschied nehmen. Der Blick zurück zeigte uns, dass der Nebel unverändert auf uns wartete und wir erneut durch ihn hindurchschleichen mussten. Der Motor sprang an, und Joachim steuerte die *Antigua* nordwärts. Wir passierten einige Schollen mit Walrossen oder herumlümmelnden Bartrobben, schafften es, so an ihnen vorbeizufahren, dass alle genau so liegen blieben wie vor unserem Auftauchen. Schließlich erspähten wir sogar noch einige Belugas, doch sie verschwanden im Nebel, der auch uns wieder verschluckte. Die Fahrt aus dem Liefdefjord hinaus gestaltete sich genauso langsam und anstrengend wie die Einfahrt, und so beschlossen wir nach einigen Stunden, dass wir die Nacht im Woodfjord, von dem der Liefdefjord abzweigt, verbringen wollten. Irgendwann muss eine Mannschaft auch ruhen, nach solchen Aktionen, das habe ich früh gelernt. Mushamna hieß unser Ziel für die Nacht also, der Mäusehafen, der vielleicht so heißt, weil es ein wirklich kleiner natürlicher Hafen ist, in den nur kleine Boote einfahren können.

Dass sich auch die knapp fünfzig Meter lange *Antigua* dort hineinwagen würde, hätte ich nicht für möglich gehalten, aber Joachim wusste, was er tat. Es sah unfassbar abenteuerlich aus, wie sich das Schiff auch noch mit einer Drehung durch die kleine Öffnung schob, man konnte fast von Deck an Land treten, so schmal schien dieser Eingang. Aber dann waren wir drinnen, und auch hier war es nicht neblig, die Suppe war draußen über dem Meer geblieben. Seehunde begleiteten unsere Einfahrt und umkreisten neugierig unser Schiff, das langsam zum Stehen kam in der kleinen Bucht, die teilweise noch von Eis bedeckt war. Bart- und Ringelrobben lagen hier, sie hoben wachsam die Köpfe und beäugten uns. Es war halb elf Uhr abends, als der Anker fiel und wir uns, wie die Tiere um uns herum, zur Ruhe begaben.

Von Trapperinnen und Trappern

Mein eigener Aufenthalt als Test-Trapperin war, wie beschrieben, recht kurz gewesen, und danach war ich alles andere als sicher, ob ich aus dem rechten Holz geschnitzt war, ein ganzes Jahr oder noch länger in einer Hütte am Ende der Welt zuzubringen. In der Vergangenheit aber haben das auf Spitzbergen gar nicht so wenige Menschen gemacht. Gegen Ende des 19. Jahrhunderts wagten sich viele norwegische Pelztierjäger auf die arktischen Inseln, auf der Suche nach Eisbären, Rentieren und Polarfüchsen; von Letzteren war vor allem das dicke weiße Winterfell begehrt. Bis 1940 kamen etwa 360 Fallensteller nach Spitzbergen; ihr Leben in den dürftigen, niedrigen Hütten war beschwerlich, und gar manche von ihnen ließen ihr Leben auf der Jagd. Wenn sie die Saison aber überlebten, konnten sie mit den Fellen eine Menge Geld verdienen.

Das berühmteste Trapperbeispiel ist sicher der Jäger Henry Rudi. 1889 kam er im nordnorwegischen Tromsø zur Welt, von wo er mit knapp zwanzig Jahren zum ersten Mal zur Jagd nach Spitzbergen aufbrach, als Teil der ersten Jägergruppe, die je auf der Insel Hopen überwinterte. Von Anfang an war Rudi erfolgreich, was ihm den traurigen Titel »Eisbärkönig« eintrug: 713 Eisbären erlegte er in der Zeit zwischen 1908 und 1948, siebenundzwanzigmal überwinterte er in der Arktis. Nach Hopen jagte Rudi lange im Krossfjord, später auf der Insel Prins Karls Forland und sogar auf der abgelegenen Insel Jan Mayen, bevor es ihn dann bis nach Grönland zog. Nach dem Krieg kehrte er für einige weitere Jahre nach Spitzbergen zurück, wo er innerhalb von zwei Jahren mehr als 250 Bären erlegte.

Von Henry Rudi gibt es berühmte Fotos, die ihn zeigen, wie er Eisbärjunge im Arm hält. Das war eine seiner Spezialitäten: Er nahm häufig die Jungen bei sich als Haustiere auf, wenn er die Mutter getötet hatte. Die einigermaßen zahmen Tiere nahm er dann mit nach Norwegen und verkaufte sie an Zoos oder Zirkusse, wo sie fortan nicht mehr durch die Weiten der Arktis streifen konnten, sondern ein sehr eingeschränktes Leben führen mussten.

In einem Land wie Norwegen, dessen Gesellschaft von Jagd, Fisch- und Walfang geprägt war und immer noch ist, waren Männer wie Henry Rudi hochangesehene Persönlichkeiten. Ihnen wurde viel Respekt allein dafür gezollt, dass sie es so viele Male im Norden lebend über den Winter geschafft hatten. Wenn dann jemand noch so erfolgreich war wie Rudi, wurde er zum Helden. Der Trapper Henry Rudi, der so viel Abenteuer ausstrahlte, bekam für seine Jagderfolge 1953 dann auch die Königliche Verdienstmedaille in Silber, es wurden Bücher über ihn geschrieben, und im Polarmuseum von Tromsø ist dem Sohn der Stadt ein eigener Raum gewidmet, was sonst nur noch Amundsen geschafft hat.

Wer nun aber denkt, es habe sich bei allen Trappern nur um Männer gehandelt, irrt. Natürlich waren aufgrund der Zeiten, Erziehung und gesellschaftlicher Normen die meisten der Jäger Männer, weil die Frauen andere Aufgaben zu erfüllen hatten. Doch es gab durchaus auch Frauen, die sich nach Spitzbergen aufmachten. Nur wurde über diese lange nicht in gleichem Maße berichtet, weil man über Frauen, na ja, generell halt einfach nicht berichtet hat. Einige begleiteten ihre Männer und hatten als Trappergefährtinnen wahrlich kein einfaches Leben, wie die bereits erwähnte Österreicherin Christiane Ritter in ihrem Buch so vortrefflich beschreibt, die mit ihrem Mann und dessen Jägerkollegen in den Dreißigerjahren im Woodfjord überwinterte. Gegen alle Widerstände war sie ihrem Mann auf die Inseln gefolgt – sie hatte wohl nicht einen einzigen Menschen in ihrem Umfeld gehabt, der sie in ihrem Vorhaben unterstützte. Noch auf dem Schiff versuchten diverse Männer, sie von ihrem Plan abzubringen, ein Jahr auf Spitzbergen zu verbringen. Ritter muss eine sehr ungewöhnliche Person gewesen sein, dass sie dennoch unbeirrbar an ihrem Plan festhielt und tatsächlich im Woodfjord das Kreuzfahrtschiff verließ, mit dem sie angereist war, jede Menge erstaunte Gäste und Crew zurücklassend.

Ritter war in der Hütte dann für das Führen des Haushalts zuständig, wozu auch die Verarbeitung der Felle gehörte – und sie blieb während der manchmal mehrere Wochen dauernden Jagdausflüge der beiden Männer alleine in der Hütte am Fjord zurück. Stürmen und Eisbären war sie dort ohne Hilfe ausgesetzt; eine große Herausforderung für die junge Frau aus gutem Wiener Hause. Doch meisterte Ritter all diese Unwägbarkeiten mit einem unerschütterlichen Durchhaltewillen, und am Ende war sie verliebt in diese seltsamen Inseln und für immer verdorben für manch vorher so gepriesene Annehmlichkeit des Südens, wie sie schreibt. Nach meiner Erfahrung in Farmhamna hatte ich für Ritter noch größeren Respekt als zuvor.

Noch einen Schritt weiter war die Norwegerin Wanny Woldstad gegangen. Sie war nicht als Begleiterin eines Mannes auf Spitzbergen, sie kam selbst als Trapperin. Was brachte eine junge Norwegerin in den Dreißigerjahren dazu, ein solches Leben zu führen? Wanny, 1893 im nordnorwegischen Sommarøy geboren und nur 1,57 Meter groß, arbeitete erst als Kindermädchen in Tromsø. Sie heiratete, bekam zwei Söhne, aber ihr Mann starb schon 1918 an der Spanischen Grippe. Wanny musste sich also einen Weg suchen, sich selbst und ihre beiden Kinder allein über die Runden zu bringen. Auch da wählte sie schon einen ungewöhnlichen Weg; sie wollte ihr Leben nicht weiterhin als Kindermädchen verbringen, sondern wurde Norwegens erste Taxifahrerin. Als solche fuhr sie durch Tromsø – und Tromsø war nun einmal Start und Ziel für viele Trapper; es gibt alte Fotografien, auf denen in den Gassen der Stadt die Eisbärfelle zum Trocknen an den Häuserwänden hängen; Trappen also war nichts Unbekanntes für Wanny. Und nun hatte sie in ihrem Taxi häufig Jäger als Fahrgäste, die ihr, durch den Ort schaukelnd, aufregende Geschichten aus dem Eis erzählten. Vom Fallenstellen, den Füchsen, den Eisbären, über die Polarnacht und das Leben in der Arktis. Und weil diese Fahrgäste manchmal sehr großzügig waren und damit prahlten, wie viel ihnen der Verkauf ihrer Eisbärfelle nun wieder eingebracht hatte, beschloss Wanny irgendwann: Das klingt interessant, das probiere ich auch.

1932 ging sie zum ersten Mal als gleichwertige Jagdpartnerin mit einem Jäger nach Spitzbergen. Die Jäger waren aus Sicherheitsgründen, und weil es schlicht auch praktischer war, oft zu zweit oder in noch größeren Gruppen unterwegs. Bei diesem ersten Jahr sollte es nicht bleiben, Wanny brachte fünf aufeinanderfolgende Winter in der Polarnacht auf Spitzbergen zu, in Hyttevika und Isbjørnhamna im Hornsund. Ihre Hütte in Hyttevika habe ich schon einige Male besuchen können, sie steht immer noch dort. Sogar ihre Söhne nahm Wanny mit in die Arktis, damit war sie wohl die erste alleinerziehende Mutter Spitzbergens. Wanny wurde zu einer erfolgreichen Jägerin, die gut von ihrer Jagdbeute leben konnte.

All das sorgte natürlich für einiges Aufsehen; Wannys Werdegang wäre heute noch ungewöhnlich, man stelle sich aber vor, wie eine Frau vor neunzig Jahren gewirkt haben muss, die als Jägerin in die Arktis zog, samt ihren Kindern. Ein Vorteil war es immerhin, dass sie Norwegerin war, dort hatte man weniger Angst vor mutigen Frauen, damals schon. Wanny wurde also beinahe ebenso berühmt wie Henry Rudi, und als sie nach Tromsø zurückkehrte, schrieb sie ein Buch über ihre arktischen Erlebnisse: *Første kvinne som fangstmann på Svalbard* – »Die erste Frau als Pelzjägerin auf Spitzbergen«. Das Buch ist zusammen mit Ritters Werk bis heute einer der ganz wenigen ausführlichen Berichte, die Trapperinnen und Trapper über ihre Zeit auf Spitzbergen verfasst haben, die meisten beließen es beim Jagen und Felleverkaufen. Wie gut, dass auch Frauen nach Spitzbergen kamen, die etwas aufschrieben. Wanny hielt auch viele Vorträge und berichtete in Norwegen vom Leben und Jagen auf Spitzbergen – so, wie das Abenteurer schon immer gemacht haben und auch heute noch praktizieren.

Doch wie so manches Mal nahm auch hier das Schicksal eine ebenso ironische wie böse Wendung: Wanny hatte die Polarnächte der Arktis überlebt, Eisbären erlegt und gar manch gefährliche Situation überstanden. Aber gerade, als sie ein zweites Buch herausgeben wollte, wurde sie 1959 in Sørkjosen von einem Lastwagen überfahren. Welch eine Ironie: Da hatte sie so viele arktische Gefahren überstanden, um dann in der Zivilisation zu sterben.

Zum Glück hat sie der Welt Geschriebenes hinterlassen, durch das man mehr über sie und ihre Gedanken erfahren kann. So beschreibt sie in ihrem ersten Buch mit ganz wunderbaren Worten, welch große und vielfältige Faszination die Inseln Spitzbergens – oder die Arktis generell – auf manche Menschen auszuüben in der Lage sind. Ich finde mich in diesen Worten, aus denen auch viel Demut spricht, auf jeden Fall wieder: »*Wer hier oben gelebt hat und das Land versteht, fühlt eine unerklärliche Sehnsucht im Herzen, die ihn immer zurück in den Norden zieht. Sie haben nicht nur das Unwetter gesehen, wenn das Meer mit unbändiger Kraft gegen das Ufer stürmt und alles begraben will, was sich ihm in den Weg stellt. Nein, sie haben auch die stillen Abende gesehen und erlebt, wenn Land und Meer unter der Sonne brennen, wenn Vogelgezwitscher von allen Hängen tönt und winzig kleine rote und weiße Blüten hervorkommen und die nackten Felsen bedecken wollen.*«

Sie war eine Große, die kleine Wanny. Sie hätte sicher noch einiges zu sagen und zu schreiben gehabt.

Wie Spitzbergen zu Svalbard wird

Longyearbyen, so stand es eingangs zu lesen, war immer ein seltsamer Ort. Ein seltsam warmer Ort, weil die vielen Nationen dort auf eine ganz eigene Art gleich waren. Man hat es auf Spitzbergen mit Dingen zu tun, die es kaum woanders gibt: mit der Kälte und dem saisonal so stark variierenden Sonnenlicht, mit dem Umstand, dass es hier ein wildes Tier gibt, das stärker ist als der Mensch, und an dessen Existenz man viele Unternehmungen anpassen muss, um nur einige zu nennen. Neulinge müssen mit alldem erst einmal umgehen lernen, sie lernen das Bärenverhalten zu deuten und üben den Umgang mit großkalibrigen Waffen, sie lernen Schneemobil zu fahren, wie man Fenster verklebt und in einem Schneesturm überlebt, dass man sich im Winter Warnwesten überzieht und Stirnlampen aufsetzt. Und ebenso wichtig: Sie wollen all das. Wer in Longyearbyen lebt, lebt dort freiwillig, will dort sein. Niemand wünscht sich sehnlich aus Spitzbergen fort – die Menschen sind hier an ihrem Sehnsuchtsort. Es gibt keine seit Generationen einheimische Bevölkerung, bis auf sehr wenige Ausnahmen kommen die Leute wegen einer bestimmten Tätigkeit oder Aufgabe und gehen nach einigen Jahren wieder. Weil sie oft auch ohne ihre Familien und Freunde auf der Insel sind, wird die Nachbarschaft schnell zu einer Art Ersatzfamilie. Diese doch recht besonderen Bedingungen verbanden alle auf eine Weise, wie sie mit gesetzlichen Regeln kaum herzustellen ist. Das arktische Klima und seine Eigenheiten und die gemeinsame Liebe für die Arktis ließen die hier Lebenden zusammenrücken und zusammenhalten.

Begünstigt wurden dieser Zusammenhalt, diese Gleichheit innerhalb einer Gemeinschaft durch die auf Spitzbergen sehr besonderen rechtlichen Grundlagen. Denn auf Spitzbergen gibt es den einzigartigen Zustand, dass es eigentlich keine ausländischen Personen gibt. Anders, als viele denken, gehört Spitzbergen nicht zu Norwegen; es steht lediglich unter einer Art Oberhoheit Norwegens. Das wurde 1920 im Spitzbergenvertrag im Rahmen der Friedensverhandlungen von Versailles festgelegt: Die Unterzeichnerstaaten erkannten darin Norwegens »volle und absolute Souveränität über den Archipel von Spitzbergen« an. Jedoch gibt es dafür auch Bedingungen: Zivilpersonen und Unternehmen aller unterzeichnenden Staaten sollten die gleichen Rechte genießen, was Arbeit, Handel und Schifffahrt im Gebiet Spitzbergens betrifft, niemand durfte bevorzugt oder benachteiligt werden. Menschen mit norwegischem Pass hatten also nicht mehr oder weniger Rechte als alle anderen, ihnen oblag lediglich die Verwaltung – so kann man den Vertrag vielleicht am besten beschreiben.

Bis zu diesem Vertrag war die Inselgruppe ein staatenloses Gebiet. In den 1920ern aber reckte auch Russland seine Finger immer weiter nach Norden, annektierte beispielsweise Franz-Joseph-Land, die Inselgruppe östlich von Spitzbergen. Um solche Alleingänge zukünftig auszuschließen, sollten klare Verhältnisse geschaffen werden. Spitzbergen sollte eine demilitarisierte Zone sein, außerdem sollten Konflikte über das Fischen, Jagen und den Walfang oder wegen der Abbaurechte von Bodenschätzen verhindert werden. Alle sollten gleich sein.

Alle Angehörigen eines unterzeichnenden Staats konnten auf Spitzbergen also bisher eine Firma eröffnen, eine Wohnung mieten, eine Arbeit annehmen, ohne dafür andere Bedingungen erfüllen oder Papiere vorweisen zu müssen als Norwegerinnen und Norweger. So entstand diese einzigartige internationale Mischung, die Longyearbyen so besonders machte. Weil Spitzbergen eben nicht zu Norwegen gehört, benötigten viele Menschen, die für Norwegen oder europäische Staaten ein Visum bräuchten, für Spitzbergen keines. Das erklärt beispielsweise, warum so viele Thailänder und Thailänderinnen in Longyearbyen arbeiten. Es war mit viel weniger Bürokratie verbunden.

Seit geraumer Zeit aber nun knirscht es in dem einst so friedvollen und mühelos dahinlaufenden Getriebe Longyearbyens; es knirscht sogar so sehr, dass es mittlerweile eine Association of Unwanted Foreigners gibt, eine »Vereinigung der ungewollten Ausländer« Spitzbergens. Demonstrationen werden organisiert, Ortsansässige Longyearbyens schreiben ihre Botschaften an, singen Protestlieder, stellen sich mit zugeklebten Mündern am Flughafen auf, wenn Staatsbesuch kommt. In der Hand halten sie dabei Schilder, auf denen steht, Norwegen sei eine Scheindemokratie. Warum tun diese Menschen das? Was ist in den jüngsten Jahren in Longyearbyen geschehen?

Verkürzt ausgedrückt: Norwegen möchte nun, dass Spitzbergen zu Norwegen gehört, es soll auf relativ friedliche und unauffällige Weise Norwegen einverleibt werden.

Wie kommt man zu einer solch eigentlich ungeheuerlichen Behauptung? Aus einer ganzen Reihe von Gründen. Seit geraumer Zeit wird allen Menschen, die keine norwegische

Staatsbürgerschaft haben, das Leben auf Spitzbergen immer wieder schwer gemacht. Beispielsweise wurden Ende 2022 urplötzlich an der Hauptkreuzung des Orts Führerscheine kontrolliert. Vielen der völlig überraschten Fahrerinnen und Fahrer wurde erklärt, dass ihre Führerscheine nicht gültig wären. Von einem Moment auf den anderen durften sie nicht mehr Auto fahren. Der Grund: In Norwegen gelten laut einem Gesetz aus dem Jahr 2004 nur Fahrerlaubnisse aus Ländern, die die Wiener Straßenverkehrskonvention von 1968 unterzeichnet haben. Dass ihr Land diese Konvention unterzeichnet hatte, mussten die Fahrerinnen und Fahrer selbst nachweisen, die von dieser Konvention natürlich noch nie gehört hatten. Dieses für sich schon zweifelhafte Vorgehen wurde noch dadurch verschlimmert, dass den Betroffenen auch nicht erklärt wurde, wie sie denn eine neue Fahrerlaubnis beantragen konnten, sollte ihr Land nicht zu den Unterzeichnerstaaten gehören. Es wurde ihnen lediglich ihre jetzige entzogen.

Nun mag man sagen: Aber es gibt ja eh kaum Straßen in Longyearbyen. Das stimmt. Wer aber beispielsweise von Beruf Taxi fährt, eine Wäscherei betreibt und Hotelwäsche abholt und bringt, als Guide arbeitet und Gäste abholen oder mit dem Schneemobil fahren muss, braucht einen Führerschein. Vor allem im Winter werden auch kurze Strecken gerne mit dem Auto gefahren, wenn es stockdunkel ist und minus 25 Grad hat. Wegen der fehlenden Führerscheine kamen etliche Hotelangestellte also laufend zu spät, und viele Firmen beschwerten sich. Daraufhin gab es nun eine Übergangsfrist, und erst einmal dürfen nun doch alle weiter Auto fahren, doch hängt diese Dokumentengeschichte wie eine dunkle Wolke über den Betroffenen, die nicht wissen, wie es langfristig weitergehen wird. In diesem Fall also wurde argumentiert, dass Spitzbergen zu Norwegen gehört und deswegen die gleichen Gesetze eingehalten werden müssten wie auf dem Festland.

Ganz anders sah die Sachlage aus, als es während der Coronapandemie um die Verteilung von finanziellen Hilfen ging: Auch in Norwegen erhielten Firmen und Angestellte, die während der Coronazeit Verluste erlitten, Hilfe vom Staat, unabhängig von den Besitzverhältnissen. Auf Spitzbergen bekamen aber nur diejenigen Firmen Hilfen ausbezahlt, die mindestens zu einem Drittel in norwegischem Besitz waren. Hier wurde auf Spitzbergen also ganz anders gehandelt als in Norwegen, eben mit der Begründung, dass Spitzbergen nicht zu Norwegen gehöre. Auch die kostenlosen Norwegischkurse, die es in Norwegen für neue Staatsangehörige gibt, wurden mit diesem Argument abgeschafft.

Ein weiterer Stolperstein für alle Nicht-Norwegerinnen und Nicht-Norweger war die Schließung der Bankfiliale in Longyearbyen. Diese war nicht wegen ihres Bankautomaten wichtig; man kann ohnehin alles bargeldlos bezahlen. Nein, die Bankfiliale war wichtig, um beispielsweise ein norwegisches Konto eröffnen zu können, das wiederum wichtig war, um Arbeit und eine Sozialversicherungsnummer zu bekommen. Obwohl sie also kein Visum benötigen, um nach Spitzbergen zu kommen, brauchen viele Menschen nun doch eines, weil sie wegen einer Kontoeröffnung nach Norwegen fliegen müssen. Proteste gegen die Schließung, die in einem Ort wie Longyearbyen ganz andere Auswirkungen hat als in jedem anderen Ort auf dem Festland, blieben ungehört.

Am schwerwiegendsten aber ist unter all den Vorkommnissen, dass der nichtnorwegischen Bevölkerung Longyearbyens das wohl wichtigste demokratische Recht überhaupt genommen wurde: ihr Wahlrecht. Von den etwa 2500 in Longyearbyen lebenden Menschen sind 750 nicht aus Norwegen. Diese durften bisher bei den örtlichen Wahlen sowohl wählen als auch gewählt werden, wenn sie länger als drei Jahre in Longyearbyen gelebt hatten. Im Januar 2022 aber erließ die Verwaltung eine neue Bestimmung, laut der Nicht-Norweger und Nicht-Norwegerinnen nur noch dann das aktive und passive Wahlrecht haben, wenn sie zuvor drei Jahre auf dem norwegischen Festland gelebt haben. Und das hat von den Betreffenden niemand. Denn niemand von ihnen wollte ja in Norwegen leben. Sondern auf Spitzbergen.

So gibt es nun die Situation, dass norwegische Staatsangehörige, die gerade erst angekommen sind auf den Inseln, wählen dürfen, aber Menschen mit anderer Staatsbürgerschaft, die seit zehn Jahren oder länger dort leben, nicht. Dieser Umstand macht nicht nur die Betroffenen wütend. Auch in Norwegen gibt es genügend Menschen, die diese Regelung falsch finden. Gehört werden sie jedoch nicht.

Nun könnten die Nicht-Norweger, die teilweise Jahrzehnte in Longyearbyen leben, ja auch die norwegische Staatsbürgerschaft beantragen. Dann dürften sie wieder wählen, und sogar nicht nur bei den lokalen, sondern auch bei nationalen Wahlen. Aber: Das geht nicht. Weil Spitzbergen nicht zu Norwegen gehört. Die Argumentation ist also wie folgt: Nicht alle Menschen haben auf Spitzbergen die gleichen Rechte, und nur norwegische Staatsangehörige dürfen wählen, weil Spitzbergen zu Norwegen gehört. Man kann als Nicht-Norweger aber auf Spitzbergen kein Norweger werden, weil Spitzbergen nicht zu Norwegen gehört und man also auch nach zehn Jahren auf Spitzbergen noch nie in Norwegen gewohnt hat. Darauf muss man erst mal kommen.

All das sind Entwicklungen, die man von einem Staat wie

Norwegen, der ein fortschrittliches und freundliches Image hat, nicht erwartet. Erwartet man von einem europäischen Land doch unbedingt Rechtsstaatlichkeit, eine gewisse Berechenbarkeit, Verlässlichkeit. Doch die Nicht-Norweger auf Spitzbergen sehen sich in den jüngsten Jahren mit einem Verhalten konfrontiert, das durchaus als Willkür zu bezeichnen ist. Verlassen können sie sich auf den verwaltenden Staat nur noch bedingt.

Das auf viele recht unsympathisch nationalistisch wirkende Verhalten der norwegischen Regierung hat sich mittlerweile aber auch schon bei denen herumgesprochen, die im bevölkerungsarmen Norwegen durchaus gebraucht würden: Schon mehrmals haben Lehrende, Wissenschaftlerinnen und Forschende Stellen an der Universität UNIS abgelehnt, als sie hörten, wie schwer es nichtnorwegischen Menschen mittlerweile gemacht wird, dort Fuß zu fassen, einige Stellen blieben bereits unbesetzt.

Derweil geht die schleichende Norwegisierung auf vielerlei Weise weiter, und sie beginnt ja schon beim Namen: Spitzbergen hat seinen Namen, seit der Niederländer Willem Barents die Inselgruppe 1596 vermutlich als Erster entdeckte, zumindest als Erster gesichert von diesen Inseln berichtete und sie der spitzen Berge wegen eben »Spitsbergen« nannte, wie Spitzbergen auf Niederländisch heißt. Auch der Spitzbergenvertrag heißt Spitzbergenvertrag, das steht so auf dem Dokument von 1920.

Seit geraumer Zeit aber wird dieser Name umfassend durch einen neuen ersetzt: Der Archipel heißt jetzt Svalbard, Spitzbergen nur noch die Hauptinsel. Die Bezeichnung Svalbard ist in den USA verbreitet, in Europa ist sie wenig bekannt. Norwegische Textquellen von 1194 berichten von der Entdeckung einer *Svalbardi*, was so viel heißt wie »kalte Kante«. Ob dabei Jan Mayen oder Ostgrönland oder Spitzbergen gemeint war, ist nicht überliefert. Für Norwegen aber ist dies der erste Beleg der Entdeckung Spitzbergens und damit der Grund, die Inseln so zu nennen. Wenn vom Spitzbergenvertrag die Rede ist, wird dieser nun Svalbard-Vertrag oder Svalbard Treaty genannt, auch wenn auf dem Originaldokument etwas anderes steht. Selbst Souvenirs werden politisch, denn im Sommer 2022 tauchten plötzlich Shirts und Pullover im Souvenirshop Ny-Ålesunds auf, auf denen steht: »Ny-Ålesund. Research Station. Norway«. Ny-Ålesund liegt laut diesem Aufdruck also in Norwegen, und diese Botschaft wird auf diesen Shirts und Flaschen und Decken in die Welt getragen. Dass mit dem Aufdruck lediglich die norwegische Station in Ny-Ålesund gemeint ist, was man mit gutem Willen glauben könnte, ist leider unmöglich. Denn die heißt – nach dem berühmten Polarkapitän Otto Sverdrup – Sverdrup Station.

Warum aber nun das Ganze? Warum dieses große Interesse an den kleinen, kalten Inseln? Longyearbyen zu erhalten kostet schließlich eine Menge Geld, der Ort steht auf Permafrost, die Logistik ist kompliziert. Damit die eingeflogenen Lebensmittel im Supermarkt noch einigermaßen erschwinglich bleiben, muss alles subventioniert werden. Warum leistet man sich einen solch teuren Außenposten, an dem man ja nun nicht einmal mehr Kohle abbaut? Meine sehr geschätzte Kollegin Michelle van Dijk, der der Campingplatz in Longyearbyen gehört und die viel Zeit auf Spitzbergen verbringt, sagt dazu den vielleicht besten und aufschlussreichsten Satz: »In Norwegen ist am Ende die Antwort auf alle Fragen – Öl.« Wobei sie die Antwort neuerdings erweitert auf Bodenschätze allgemein.

Und so dürfte auch in diesem Fall der Hintergrund für all diese Vorgänge im Bereich von Bodenschätzen zu suchen sein. Rund um Spitzbergen werden riesige Öl- und Gasvorkommen vermutet, auch seltene Erden. Wer darf diese Vorkommen abbauen? Gilt auch für sie der Spitzbergenvertrag, oder gehören sie Norwegen? Dürfte beispielsweise China nun plötzlich an der Nordwestecke Spitzbergens eine Ölplattform aufstellen? Oder Russland? Nordkorea? Sie alle haben den Vertrag unterzeichnet.

Grundsätzlich darf nach UN-Seerechtsübereinkommen jeder Staat innerhalb der ausschließlichen Wirtschaftszone von 200 Seemeilen vor seiner Küste alleine fischen und nach Rohstoffen bohren. Wenn er beweisen kann, dass das Festland unter Wasser noch über diese 200 Meilen hinausgeht, kann er diese Gebiete zusätzlich beanspruchen. Auf diese Weise sind Norwegen in der jüngeren Vergangenheit mehrere Seegebiete neu zugesprochen worden.

Komplizierterweise liegt Spitzbergen mit seinem besonderen Vertrag auf dem norwegischen Festlandsockel. Deswegen stünden nach Ansicht Norwegens alle Rechte an den Rohstoffen in den Meeresgebieten rund um Spitzbergen Norwegen zu; der Spitzbergenvertrag sei irrelevant und gelte nur in den Hoheitsgewässern von zwölf Meilen rund um die Inseln. Die EU sieht das aber ganz anders: Für die 200 Meilen rund um Spitzbergen seien die gleichen Gesetze anzuwenden wie auf den Inseln selbst – also der Spitzbergenvertrag. Entschieden ist diese Frage noch nicht, das Völkerrecht aber spricht sich eher für die EU-Ansicht aus, denn ein Gesetz, das sich eindeutig auf eine Region bezieht, habe immer Vorrang vor einem allgemeingültigen Gesetz. Es geht bei dieser Frage also um sehr viel Geld für Norwegen, und damit sind wir beim Kern der Norwegisierung Spitzbergens angelangt: Denn wenn die Inseln norwegisch wären, würde das die Wirtschaftszone Norwegens immens vergrößern.

Warum aber meldet sich keiner der Unterzeichnerstaaten zu Wort und protestiert gegen diese nun doch nicht mehr gleiche Behandlung aller Bewohnenden? Hier kommt wieder die besondere Lage Spitzbergens ins Spiel. Von Kvitøya, der östlichsten Insel Spitzbergens, sind es gerade einmal 61 Kilometer bis zur Victoria-Insel und damit nach Russland, Russland hat mehrere Siedlungen auf Spitzbergen – man ist Russland auf eine Weise hier vielleicht näher als an den direkten Grenzen auf dem Festland, eben weil alles so miteinander verwoben ist. Diese Nähe aber wird nun zusehends ungemütlich, sie macht Norwegen nervös. Man kann also vermuten, dass sowohl die Unterzeichnerstaaten des Spitzbergenvertrags als auch die NATO relativ wenig dagegen haben, dass Norwegen Schritte unternimmt, diese Nähe nicht hinterrücks zum Verhängnis werden zu lassen. Für diese Schutzfunktion und das bestimmte Auftreten lässt man Norwegen also gewähren. Man nimmt dabei wohl auch in Kauf, dass eigene Staatsangehörige zumindest zweifelhaft behandelt werden.

Ein Vertrag, der also einst gerade deswegen geschlossen wurde, um Konflikte zu vermeiden, wird nun, hundert Jahre später, ganz im Gegenteil als große Gefahr oder potenzielle Quelle von Konflikten betrachtet. So ändern sich die Zeiten. Nicht einmal im Kalten Krieg wurde an den Grundfesten des Vertrags so gerüttelt wie heute.

Liest man sich den – übrigens nicht besonders langen – Spitzbergenvertrag durch, fällt noch etwas anderes auf. In dem Vertrag wird ausdrücklich festgehalten, dass mit Norwegens Oberhoheit ein ganz bestimmtes Recht oder sogar eine Pflicht einhergeht: nämlich, sich um die Natur Spitzbergens zu kümmern. In Artikel 2 heißt es sinngemäß, dass Norwegen frei ist, bestimmte Maßnahmen zu ergreifen oder anzuordnen, um die Flora und Fauna der Inseln und ihrer Gewässer zu schützen. Diese Maßnahmen sollen gleichermaßen für alle unterzeichnenden Staaten gelten, ohne Ausnahme.

In einer gerechten Welt wäre dieser Passus ein sehr guter und wichtiger. In der Welt, in der wir uns aber nun wiederfinden, öffnet er jedoch Möglichkeiten, im Namen des Umweltschutzes Maßnahmen zu ergreifen und zu erlassen, die gar nicht den Umweltschutz im Visier haben, sondern vor allem der Entwicklung zuarbeiten, die Inseln für Norwegen zu reservieren. Vielleicht auch ein bisschen, um künftig immer mehr Menschen fernzuhalten, damit möglichst wenige Leute sehen können, wie Norwegen irgendwann selbst seine erste Ölplattform in Küstennähe aufstellt. Auf diese Idee zumindest kann man kommen, wenn man sich die 2025 in Kraft tretenden Regeln ansieht, denen der Schiffstourismus auf Spitzbergen künftig unterliegen wird – und dazu muss ich ein bisschen ausholen. Bisher konnte man auf den Inseln beinahe überall an Land gehen; einige Gebiete waren aber aus gutem Grund gesperrt: die Kong-Karls-Inseln beispielsweise, die Kinderstube der Eisbären. Vielerorts gab es saisonale Betretungsverbote während Geburts- und Brutzeiten von Säugetieren und Vögeln, es gab Abstandsregeln zu Vogelkolonien und Säugetieren und vieles mehr. Guides und Schiffsbesatzungen müssen jedes Jahr wieder eine Prüfung zu all den Regeln ablegen. Kurz: Es wurde auf Spitzbergen in der Vergangenheit schon ein regulierter Tourismus betrieben, mit sinnvollen Schutzvorschriften.

Weil der Schiffstourismus seit etwa zehn Jahren stark

wächst, ist es jedoch nötig geworden, einen neuen Umgang mit Schiffen zu finden. Einen sinnvollen neuen Umgang haben nicht wenige im Tourismus Tätige sogar selbst herbeigesehnt. Der Sinn der neuen Regeln aber wird nun von vielen bezweifelt. Die weitreichendste Veränderung ist, dass künftig weite Teile Spitzbergens nicht mehr für den Tourismus zugänglich sind. Ein großer Teil der Landfläche Spitzbergens steht unter besonderem Schutz. Diese geschützten Gebiete werden bis auf dreiundvierzig von der Regierung ausgewählte Plätze gesperrt. Sich frei bewegen, einfach irgendwo an Land gehen, wo man möchte – ab 2025 verboten.

Das hat jetzt schon zur Folge, dass sich einige kleine Schiffe, wie die *Antigua*, von Spitzbergen abwenden, während die großen Schiffe bleiben. Für die Natur wäre das Gegenteil wünschenswert. Dass diese Schiffe nur noch dreiundvierzig Landeplätze zur Verfügung haben, die dadurch enorm belastet werden, macht es nicht besser: Schon jetzt bekommt man an einigen Orten, beispielsweise der bekannten Texas Bar im Liefdefjord, kaum noch gesunde Tundra zu sehen, die Landestelle ist weitläufig vollkommen zertrampelt. Das wird durch den Zwang, dort zu landen, natürlich nicht besser. Man könnte sagen, diese Plätze werden geopfert. Die Schönheit einer intakten Natur sieht dort niemand mehr.

Sind diese Regeln also wirklich erlassen worden, weil sich die norwegische Regierung tatsächlich um die Umwelt sorgt – Norwegen gilt gemeinhin ja als sehr umweltfreundliches Land –, oder geht es doch um etwas anderes? Bei der Beantwortung dieser Frage kann helfen, sich einige andere Entscheidungen der norwegischen Regierung im Zusammenhang mit Natur und Umwelt anzusehen: Erst kürzlich hat die norwegische Regierung trotz weitreichender Proteste beschlossen, vom Nordatlantik bis Spitzbergen in der Barentssee ein Gebiet von 282 000 Quadratkilometern des Festlandsockels – vergleichsweise drei Viertel der Fläche Deutschlands – für die Gewinnung von Mineralien auf dem Meeresboden freizugeben. Kupfer, Nickel, Kobalt und andere Mineralien wie seltene Erden sollen abgebaut und das Land so »weltweit führend im fakten- und wissensbasierten Management von Meeresbodenmineralien« werden, wie es in einem Weißbuch der norwegischen Regierung heißt. Dass der UN-Hochkommissar für Menschenrechte vor den Risiken »systemischer Schäden« und den Folgen für die Lebensgrundlagen, die von diesen Ökosystemen abhängen, gewarnt hat, lässt die norwegische Regierung unbeeindruckt, ebenso, dass Forschende den irreversiblen Verlust der biologischen Vielfalt und eine Störung des Kohlenstoffkreislaufs in den Tiefseeökosystemen befürchten.

In den Schutzgebieten, in denen Reisende nur noch sehr begrenzt an Land dürfen, darf weiterhin gefischt werden, unter anderem auch mit den besonders schädlichen Grundschleppnetzen in der Hinlopenstraße. Norwegen ist außerdem eines der wenigen Länder, die für sich weiterhin das Recht auf Walfang beanspruchen, und betreibt eine so intensive Lachszucht, dass die Ökosysteme vieler Fjorde Norwegens empfindlich gestört werden, man durchaus von Tierquälerei in dieser Massentierhaltung sprechen kann, die überdies die natürlichen Lachsbestände bedroht, wenn erkrankte Zuchtlachse entwischen.

Man kann bei Betrachtung der Gesamtsituation also zu dem Schluss kommen, dass die Umweltschutzmaßnahmen Norwegens zumindest nicht konsistent sind.

Deutlich äußert sich in einem Gespräch mit der *Süddeutschen Zeitung* der norwegische Juraprofessor Mads Andenas, der die Svalbard-Politik Norwegens seit Jahren verfolgt: Norwegens Vorgehensweise sei grotesk, sagt er: »Norwegen versucht einfach, seine Rechte zu etablieren, um sich das Öl, das Gas und die seltenen Erden zu sichern«, urteilte er. Und damit sagt dieser schlaue Mann ja tatsächlich genau das Gleiche wie meine geschätzte Kollegin Michelle und all die anderen, die sich mit Spitzbergen auskennen.

All das mag auch daran liegen, dass der derzeitige Klima- und Umweltminister Norwegens, Andreas Bjelland Eriksen, zuvor Staatssekretär im Ministerium für Erdöl und Energie war. Und wenn man Öl und Gas zusammenzählt, dann kommt wohl so was dabei raus.

Ein Ort, an dem alle gleich sind, alle die gleichen Rechte haben, ein Ort ohne Militär und Krieg ... scheint also tatsächlich eine Utopie zu sein.

Das Plastikmonster

Weiß und blau und unberührt. So sieht die Arktis in Prospekten und Fernsehdokus aus. Weißer Schnee, blaues Eis, blauer Himmel, mittendrin im Bild fluffige Bären, alles so schön sauber. An manchen Stellen, in manchen Momenten sieht es auch tatsächlich so aus. An anderen aber leider überhaupt nicht, und die Unterschiede sind riesig. Man kann Spitzbergen umrunden und kaum ein Stückchen Plastik sehen, wenn man bestimmte Landeplätze wählt. Man kann aber auch den Eindruck bekommen, die Inseln versinken in Unrat, wenn man bestimmte andere Orte aussucht. Die Prospekte also erzählen nicht unbedingt die ganze Wahrheit, aber wo tun sie das schon. Die ganze Wahrheit ist, dass man mancherorts ziemlich angestrengt am Müll vorbeifotografieren muss, wenn das Ergebnis nach Unberührtheit aussehen soll. Die Wahrheit ist, dass es unberührte Strände einfach nicht mehr gibt. An Orten wie Spitzbergen schlägt einem dieser Umstand wie eine Faust ins Gesicht. Denn bunter Müll und weiße Gletscher – das passt einfach nicht zusammen, und noch weniger passen in Netzen verhedderte, elendig verendete Tiere in diese Landschaft. An diesem von der Zivilisation gefühlt so weit entfernten Ort wird umso deutlicher, wie wir dieser Welt bis an ihre letzten Ränder zusetzen.

2016 im Woodfjord lag südlich der Reinsdyrflya, der Rentierebene, das größte Plastikteil, das wir in all den Jahren gefunden haben. Es lag da wie ein Monster, gestrandet, lauernd.

Orange leuchtete es im Sand, an einem Ende tasteten Tauenden wie Fühler in die Höhe. Vier Meter lang und zwei Meter breit hatte sich das Ungetüm hier hingeplatscht. Wir traten es mit den Füßen, rüttelten daran, aber das Monster bewegte sich kaum ein paar Millimeter. Dieses Riesenteil war natürlich kein Monster. Es war ein Seilfender, eine jener enormen, aus Plastiktauen geflochtenen dicken Matten. Sie dienen als Stoßdämpfer beim Anlegen oder wenn zwei Schiffe längsseits aneinander festmachen, beispielsweise um Fische vom einen aufs andere Schiff umzuladen.

Es geschah dann etwas, wofür ich die Gäste der Schiffe, auf denen ich arbeite, so mag: Sie begannen, an dem Ding herumzuzuppeln. Ich war der Meinung, dass wir dieses Seemonster niemals von diesem Strand wegbekommen würden, es war, wie das so oft mit Müll passiert, richtig hineingebacken in den Untergrund. Aber unsere Gäste zerrten und zupften, zogen und lupften daran, und es bewegte sich dann doch ein bisschen. Zu viel, um aufzuhören. Und so begann eine mehrere Stunden dauernde Seemonster-Einfang-Aktion.

Der Kapitän kam vom Schiff, mit Axt und Schaufeln, Seilen und Haken, um das Monster in einzelne Tentakel zu zerhacken – doch das funktionierte überhaupt nicht. Wir gruben rundherum in den festen Sand, hebelten an dem Gebilde herum, schließlich machten wir es mit den Seilen und Haken an den beiden Schlauchbooten fest, zogen zu zehnt an den Seilen, verstärkt durch die Motoren der Schlauchboote. Immer mehr bewegte es sich, Stück für Stück. Es war harte Arbeit.

Strände säubern ist allerdings immer eine wirklich harte, unschöne Arbeit, die mittlerweile beinahe alle Schiffe, die rund um die Inseln unterwegs sind, mit ihren Gästen machen. Das führt zu dem kuriosen Umstand, dass auf Spitzbergen die Strände, an denen die meisten Gäste anlanden, am saubersten sind. Die Reisenden nehmen sich dabei nicht unbedingt einen ganzen Strand vor und reinigen ihn. Aber auf jedem Landgang haben die Guides mittlerweile Säcke dabei, und wenn nur am Ende jedes Ausflugs jede Person ein Stück Plastik aufhebt – dann sind das bei den üblichen Hundert-Gäste-Schiffen hundert Teile bei jedem Landgang. Kommen dann an bestimmte Orte beinahe jeden Tag zwei Schiffe, kann man sich diesen Effekt ausrechnen. An diesen Plätzen liegt so gut wie nichts mehr herum. Auch das wird sich mit den neuen Regeln deutlich verändern; außer an den zugelassenen Orten werden dann kaum noch Strände gereinigt werden. Für mich eine ganz unerträgliche Vorstellung, wie viel mehr Tiere sich dadurch in den Netzen und Seilen verheddern werden. Es wird dann an den meisten Orten Spitzbergens so aussehen wie heute schon an einigen: Mit den Segel- und kleinen Motorschiffen gelangten wir bisher häufig an Stellen, die kaum oder nie besucht werden. Dort boten sich uns schreckliche Bilder. Die Strände sind, an der Wasserlinie beginnend, mit Müll aller Art bedeckt, den es bis weit ins Landesinnere hineinweht.

Am häufigsten finden wir Seile und Netze und allerlei Gerätschaften aus der Fischerei, und auch unheimlich viele dieser Polyesterbänder, die man um Pakete herumschweißt. Ganze verwickelte Ballen dieser Bänder, schwarz oder weiß, finden wir, auch sie stammen wohl von den Fabrik-Fischereischiffen, auf denen die Fische gleich verpackt werden. Warum so unfassbar viele dieser Bänder aber im Wasser landen, erschließt sich mir noch immer nicht. Und manchmal hängen dann bereits Vögel darin, die sich in ihnen verheddert haben und ertrunken sind.

In meinen ersten Jahren auf Spitzbergen habe ich mit großem Elan Strände gereinigt, auf dem Segelschiff *Antigua* war die Mannschaft besonders engagiert, was das Müllproblem anging. Mit der Zeit aber sah ich, dass diese entlegenen Strände schon ein Jahr später so aussahen, als hätten wir sie nie sauber gemacht. Eine echte Sisyphusarbeit. Also schaute ich, wer sich mit Plastikmüll in den Meeren beschäftigt, und stieß beim Alfred-Wegener-Institut für Polar- und Meeresforschung in Bremerhaven auf die Polarforscherin Melanie Bergmann. Eine absolute Glücksbegegnung, denn Melanie war sofort begeistert, als ich ihr von unseren Sammlungen auf Spitzbergen berichtete. Wir kommen mit unseren Schiffchen ja oft an Orte, von denen Forscherinnen und Forscher nur träumen. Logistik und Kosten, alles ist kompliziert – aber wir gelangen beinahe mühelos an diese fernen Ziele. Seit einigen Jahren gibt es deshalb immer mehr sogenannte Citizen-Science-Projekte, bei denen Daten nicht von ausgebildeten Forschenden, sondern eben von Laien gesammelt werden. So eines also riefen auch wir ins Leben. Wir entwarfen Regeln, nach denen nun gesammelt wird, Tabellen, in denen das Gesammelte kategorisiert, gezählt und gewogen erfasst wird, immer mit der gleichen Systematik, damit die Daten wissenschaftlich valide sind. Dabei gingen wir so vor, dass die Sammlung so einfach wie möglich sein sollte, damit man sie mit Gästen ausführen konnte, aber immer noch so genau wie nötig, damit die Daten nicht wertlos sind. Ich bekam Federwaagen, GPS, Klemmbretter, Maßbänder vom AWI zugeschickt, und palettenweise Tassen als Geschenke für die Mitsammlerinnen und Mitsammler, was die unter chronischem Platzmangel leidenden Crews der kleinen Schiffe höchst erfreute, aber das AWI meinte es eben gut mit uns.

2016 machten wir die ersten dieser wissenschaftlichen

Sammlungen und lernten viel dabei. Wir suchen Strände aus, bevor wir sehen, was auf ihnen herumliegt – denn wir sollen ausdrücklich nicht nur diejenigen auswählen, die am schlimmsten aussehen. Es kam also auch schon vor, dass ich mit dem Finger blind mitten in die Hinlopenstraße tippte und wir dann in einem wundervollen Abendlicht eine winzige Basaltinsel besuchten, mitten in der an diesem Tag spiegelblank daliegenden See zwischen Spitzbergen und Nordaustland, zwischen den Gletschern der Hauptinsel und der Eiskappe. Vielleicht war das eine der schönsten Sammlungen überhaupt, auch, weil wir kaum etwas fanden auf diesem Felsen.

Wissenschaftlich sammeln geht dann so, dass wir als Erstes die Sammelfläche bestimmen, ausmessen und markieren müssen. In der Mitte der Fläche errichten wir eine Sortierstelle, an der einige Gäste den herangeschleppten Müll nach Kategorien sortieren. Die einzelnen Teile werden gezählt und von einem Schriftführenden erfasst, abschließend werden die einzelnen Kategorien gewogen. Viele Teile fotografieren wir zudem. Auf Flächen, halb so groß wie ein Fußballplatz, kommen manchmal innerhalb von zwei bis drei Stunden 250 Kilogramm Müll zusammen. 1000 Kilometer vom Nordpol entfernt. Unberührt ist anders.

Diese Sammlungen bergen jede Menge logistische Herausforderungen: Wir müssen nicht nur alles Equipment schon lange vorher vorbereiten und an Bord bereithalten, auch Gäste, Guides und Crew müssen bei diesen Aktionen richtig gut zusammenarbeiten, und meistens ist es so, dass einige der Crew ihre Ruhezeiten hergeben, um mitzuhelfen. Denn auch bei diesen Sammlungen ist es wichtig, immer auf Bären, auf das Wetter, auf sich ändernde Bedingungen zu achten und den Blick nicht nur auf den Boden zu richten. Wir brauchen also immer einige Wachen. Das Sammeln an sich ist körperliche Arbeit, in den Arktisklamotten und Gummistiefeln müssen sich die Gäste unzählige Male bücken, Vieles ist schwer, und manches hängt eben auch im Boden fest und lässt sich nur schwer überreden, eingesammelt zu werden. Und schließlich brauchen wir helfende Hände, die die schweren Säcke in die Boote und an Bord wuchten und dort sicher verzurren und am Ende der Reise in Longyearbyen zum Container bringen und entsorgen. Bei all diesen Tätigkeiten haben wir nie Schwierigkeiten, Freiwillige zu finden – und das erfüllt mich oft auch mit Stolz. Wenn Gäste so engagiert mithelfen, haben wir etwas richtig gemacht mit all unseren Informationen über das Ökosystem und seine Bedrohungen.

Ein paarmal haben wir den gesammelten Müll komplett nach Bremerhaven ans AWI versendet. Dort kann er viel genauer sortiert und bei einigen Stücken die Herkunft festgestellt werden. Auch dabei haben wir viel gelernt, denn wenn man Müll über Ländergrenzen verschickt, gerät man schnell in den Verdacht, einer Müllmafia anzugehören. Unser erster Sack stand also mehrere Sommermonate beim Hamburger Zoll, bis ihn ein mutiger Hilfswissenschaftler aufmachen durfte.

Warum aber nun das Ganze? Es gibt mehrere Gründe, diesen Aufwand zu betreiben. Unsere Sammlungen waren die ersten systematischen Untersuchungen, die sich mit dem Strandmüll auf Spitzbergen beschäftigten. Mittlerweile sind mehrere wissenschaftliche Veröffentlichungen aus unserem Projekt entstanden, die sehr viel Aufmerksamkeit bekommen haben. Unsere Daten, Fotos und Videos haben es bis in die abendliche *Tagesschau* geschafft, große Tageszeitungen veröffentlichten Doppelseiten darüber, immer wieder. Wenn es in den deutschen Medien um Müll in der Arktis geht, geht es dabei sehr oft um unser Projekt. Mit einem so großen Erfolg hatten wir nie gerechnet, aber es ist uns mit unserer Arbeit tatsächlich gelungen, einen gar nicht so kleinen Beitrag zum öffentlichen Bewusstsein für dieses Problem zu leisten. Die Menschen zu erreichen, sie darüber zu informieren, wie unsere Welt an den entlegensten Orten heute bereits aussieht – und davon ausgehend auch, wie sie in wenigen Jahrzehnten aussehen wird, wenn die Plastikproduktion so ungehindert weiterwächst, wie sie das in der Vergangenheit tat. Das wäre uns nicht gelungen, hätten wir nicht diese Zahlen. Deswegen ist es so wichtig, dass wir auch die Flächen unserer Sammelorte vermessen. So wissen wir nicht nur, wie viel Müll pro Quadratmeter auf Spitzbergen an den Stränden liegt, sondern können diese Werte mit anderen Orten vergleichen. Wir können nun gesichert sagen, dass es an diesem fernen Ende der Welt nicht besser aussieht als in den am dichtesten besiedelten Gebieten Europas oder an manchen Stränden Südchinas.

Unsere Daten sollen durch diese Illustration eines großen Problems dazu beitragen, den Plastikeintrag in unsere Meere zu verringern, oder in einem utopischen Idealfall: ganz zu stoppen.

Ein wichtiger Schritt auf diesem langen Weg wird tatsächlich hoffentlich gerade gegangen: Am 2. März 2022 haben die UN-Mitgliedsstaaten in Nairobi einstimmig beschlossen, bis Ende 2024 in mehreren Verhandlungsrunden einen weltweit verbindlichen Vertrag auszuarbeiten, der die Plastikverschmutzung beenden soll. In der Resolution mit dem Namen *End Plastic Pollution: Towards an International Legally Binding Instrument* wurde beschlossen, dass auf Basis wissenschaftlicher Erkenntnisse Ziele zur Bekämpfung der

Plastikverschmutzung – vor allem in den Meeren – festgelegt werden sollen, die für alle Staaten rechtsverbindlich sind. Unsere Daten sind also urplötzlich auch auf den Verhandlungstischen der UN gelandet – als ein klitzekleiner Baustein nur, aber immerhin als einer der vielen Bausteine, die die Größe des Problems verdeutlichen und die Argumentation gegen unsinnigen Plastikgebrauch und für globale Lösungen untermauern. Denn Schätzungen zufolge gelangen jährlich zwischen acht und 13 Millionen Tonnen Müll in unsere Meere, mehr als 100000 Meeressäuger verenden jedes Jahr in Tauen und Netzen, und wenn wir das nicht ändern, schwimmen bis zum Jahr 2050 mehr Müllteile in den Ozeanen als Fische.

Auf Spitzbergen stammt der weitaus größte Anteil des Mülls aus der Fischerei. Neben den Netzen, Tauen und Plastikbändern finden wir Fischkästen und Bojen, Arbeitshelme, Männerdeos, Joghurt- und Margarinebecher aus Russland und Norwegen, die wohl ebenfalls von Fischereischiffen fallen.

In anderen Teilen der Welt ist der Müll weniger der Fischerei zuzuordnen. Die vier größten Verursacherkonzerne von Strandmüll weltweit sind: Coca-Cola, Pepsi, Nestlé und Danone. Der Grund dafür ist, dass es Firmen wie Coca-Cola noch immer nicht interessieren muss, was mit ihren Flaschen passiert, sobald sie ausgetrunken sind. Coca-Cola verkauft und verdient an seinem Produkt, und das war's. Weil Plastikflaschen aber bis zu 450 Jahre halten, wird dieses Herstellervorgehen zum Problem: Denn nichts ist kostenlos auf dieser Welt, und wenn sich die Menschen nicht kümmern, zahlt am Ende die Natur.

Das muss besonders nachdenklich stimmen, weil mehr als die Hälfte allen jemals hergestellten Plastiks erst nach dem Jahr 2000 produziert wurde. In einem sehr kurzen Zeitraum haben wir ein sehr großes Problem erschaffen, das mit stetig steigender Geschwindigkeit immer noch größer wird. Für mich ist all das Ansporn, mich weiter einzusetzen. Und so bin ich mittlerweile an vielen Schulen zu Gast, an denen ich den Kindern und Jugendlichen von diesem wachsenden Problem berichte.

Bei unseren Wanderungen auf Spitzbergen sehen wir auf allen Reisen viel mehr Müll, als wir je einsammeln können. Auch das gehört für mich dann zu diesem Projekt: Wir müssen die Aufmerksamkeit der Gäste dann wieder zurück auf die schönen Dinge lenken. Denn manche von ihnen werden angesichts der Müllmenge und der Aussichtslosigkeit, die Landschaft je wieder von ihr zu befreien, deprimiert und sehen das Schöne gar nicht mehr. Verzweiflung aber hilft nicht weiter. Ich ermutige diese Mitreisenden lieber, selbst aktiv zu werden. Es nicht bei dieser einen Sammlung zu belassen. Und immer wieder berichten mir Gäste lange nach den Reisen, dass sie nicht nur ihr eigenes Verhalten verändert haben, sondern ihre Erfahrung nun auch weitertragen und sich engagieren für eine plastikärmere Welt. Dann ist etwas Großes geschehen. Denn wenn wir alle tun, was wir können – dann könnten wir so viel erreichen.

Wie bei dem orangefarbenen Plastikmonster an jenem Strand im Woodfjord, 2016. Was am Anfang vollkommen unmöglich ausgesehen hatte, rückte immer mehr in den Bereich des Schaffbaren: Das Monster bewegte sich immer mehr, die einen bearbeiteten es weiterhin mit Schaufeln, die anderen zogen mit vereinten Kräften, verstärkt durch die Boote. Immer wieder befestigten wir das Seil neu, veränderten den Winkel. Wie ein besiegtes Ungeheuer wälzten wir das Ungetüm immer weiter aus dem Untergrund heraus und auf das Wasser zu – und endlich war es frei! Wir brachten Fender vom Schiff, an denen wir das Monster befestigten, zogen es langsam zur *Antigua*. Doch wie dieses Teil nun an Bord bekommen? Wir ersannen einen Flaschenzug über viele Übersetzungen, und wieder zogen viele, viele Hände an dem Seil. Es gelang: Stunden nachdem wir es am Strand entdeckt hatten, lag das Monster bei uns an Deck. Eine Tonne wog es, sollten wir noch feststellen. Ein Mensch allein hätte das nie schaffen können, doch gemeinsam kann man auch ein Monster besiegen. Wenn einfach jemand anfängt und schließlich viele mithelfen.

Das Drama um Amundsen und Nobile

Vielleicht, vielleicht war Roald Amundsen als erster Mensch am Nordpol, so wie er das immer gewollt hatte. Wir werden es nie wissen. Zwei weitere Männer beanspruchten diesen Titel mit voller Überzeugung für sich: Frederick Cook und Robert Peary, beide US-Amerikaner. 1908 will Cook den nördlichsten Punkt erreicht haben, 1909 Robert Peary. Bei beiden Expeditionen spricht allerdings gerade so viel für wie gegen den Wahrheitsgehalt der Erzählungen der ehrgeizigen Männer, sodass man bei beiden nicht wirklich sicher sein kann, ob sie es tatsächlich geschafft hatten bis 90 Grad Nord. Aber trotz aller Widersprüchlichkeiten haben die Behauptungen dieser Abenteurer dazu geführt, dass Roald Amundsen, als er 1910 zu seiner Nordpolexpedition aufbrechen wollte, kurzerhand seine Pläne änderte und den Südpol ins Visier nahm. Damit ist Amundsen wohl für alle Zeiten das größte Beispiel für flexibles Reagieren auf veränderte Umstände – denn ein weiter entferntes neues Ziel hatte es nun mal wirklich nicht gegeben. Beeilen musste er sich auch noch, da sich ja nun auch zum Südpol gerade jemand aufgemacht hatte, nämlich der Engländer Robert Falcon Scott. Lange war auch dieser Pol nicht mehr unbesucht, war zu befürchten. Amundsen gewann diesen Wettstreit, der für Scotts Mannschaft so tragisch endete. Amundsen und seine Teammitglieder wurden im Dezember 1911 die ersten Menschen, die den Südpol erreichten.

Der Nordpol aber behielt für Amundsen für immer eine Anziehung, es blieb dort oben etwas unerledigt für ihn. Doch erst einmal verging Zeit, der Erste Weltkrieg brach aus und kam nach vier langen Jahren zu einem Ende, die Spanische Grippe wütete allerorten, die Welt sortierte sich schließlich neu. Gab es nach all dem Geschehenen noch das gleiche Interesse an Abenteuern und Abenteurern? Amundsen erkannte, dass er nicht wie dereinst wieder mit Skiern losziehen konnte, neue Zeiten waren angebrochen. Und so nahm er zwar den alten Pol wieder ins Visier, doch auf ganz andere Weise: Er wollte zum Nordpol fliegen. Nach seinen vielen polaren Erfolgen – er hatte ja auch als Erster die Nordwest- und als Zweiter die Nordostpassage durchsegelt – fiel es ihm nicht schwer, Geldgeber zu finden, die ihm sein neues Abenteuer in der Luft finanzieren würden: Der US-Amerikaner Lincoln Ellsworth, Sohn eines Kohlemillionärs, hatte genügend Kleingeld, Muße und Interesse, in die Pläne einzusteigen und sogar selbst teilzunehmen.

Zwei Flugzeuge wurden erstanden, genauer: zwei Dornier-Wal-Flugboote, die N24 und N25 mit 360 PS starken Rolls-Royce-Motoren. Amundsen nahm an den Maschinen noch diverse Anpassungen für das Polabenteuer vor. Sechs Mann umfasste das Expeditionsteam schließlich, neben Amundsen und Ellsworth waren die Piloten Hjalmar Riiser-Larsen und Leif Dietrichson mit von der Partie, außerdem zwei Mechaniker.

Als Startpunkt der Expedition wurde Ny-Ålesund ausgewählt, damals noch Kohleminenort. Am 21. Mai 1925 starteten die Maschinen von dort zu ihrem knapp 1200 Kilometer weiten Flug zum Nordpol. Unvorstellbar, wie kalt es gewesen sein muss: Bei arktischen Temperaturen saßen die Männer in den offenen Maschinen, zur Bewegungslosigkeit verdammt, und so knatterten sie durch die mit Eiskristallen durchsetzte Luft. Doch das Ziel erreichten sie nicht. Denn plötzlich setzte der Motor der N25 aus; die Maschine musste notlanden. Glücklicherweise waren die Flugzeuge bereits über stabilem Meereis, und der N25 gelang auch noch eine gute Landung auf dem aufgeworfenen Eis. Die N24 aber, die ebenfalls landete, hatte weniger Glück: Sie wurde so stark beschädigt, dass es keine Chance gab, sie wieder in die Luft zu bekommen. So fanden sich die Männer auf 87°44' nördlicher Breite mitten auf dem Polarmeer wieder, zwar so nördlich, wie niemand vor ihnen je mit einem Flugzeug gelandet war – aber würden sie das auch jemals jemandem erzählen können? 250 Kilometer war der Nordpol noch entfernt, doch eines der beiden Flugzeuge war zerstört, das andere hatte einen Motorschaden, und das Eis um sie herum war alles andere als ein guter Startplatz.

Es blieb ihnen nichts anderes übrig, als es dennoch zu versuchen. Der Motorschaden erwies sich noch als das kleinere Problem. Die bald wieder instand gesetzte N25 war mit sechs Männern heillos überladen – wie lang eine Startbahn wohl sein musste, damit das Flugzeug abheben konnte? Die Männer rationierten ihre Vorräte und machten sich an die Arbeit. Etwa 600 Tonnen Eis und Schnee schafften sie beiseite und ebneten das aufgeworfene Eis, sodass ein Flugzeug darauf Schwung holen konnte. Drei Wochen werkelten sie mit nur etwa 400 Gramm Nahrung pro Tag. Als Pilot wurde schließlich Kapitän Hjalmar Riiser-Larsen ausgewählt. Die sechs Männer pferchten sich in das Flugboot, die Maschine rumpelte über das Eis, nahm an Fahrt auf und erhob sich tatsächlich in die Luft, bevor die Startbahn zu Ende war. Bis nach Nordaustlandet taumelte die N25, wo sie schließlich wasserte. Zufällig war dort ein Robbenfänger unterwegs, der die Maschine nach Ny-Ålesund schleppte. Am 18. Juni 1925 waren die Flugpioniere wieder zurück im Kongsfjord.

Der Nordpol zierte sich also. Immer noch. Aber nun war Amundsens Ehrgeiz wohl endgültig erwacht: Er wollte den Nordpol fliegend erreichen, koste es, was es wolle. Geldgeber Ellsworth war weiterhin Feuer und Flamme für Amundsens Abenteuerlust, und so machte sich der Norweger an einen neuen Plan: Der Nordpol sollte nun mit einem Luftschiff erobert werden.

Mit Luftschiffen kannte sich zur damaligen Zeit ein Mann besonders aus: der Italiener Umberto Nobile, ein italienischer Ingenieur. Er konstruierte nach Amundsens Anfrage schon für das darauffolgende Jahr ein Luftschiff, die *Norge* (»Norwegen«). 106 Meter lang war dieser Zeppelin, 19 Meter breit und 24 Meter hoch. Sein Gestänge war aus Aluminium gebaut und mit Gummi ummantelt. Auftrieb gab der *Norge* ein Ballon mit 19 500 Kubikmetern Wasserstoff. Die Gondel und drei Motoren waren seitlich und unter dem Kiel befestigt. Stolze achtzig Stundenkilometer konnte dieses Fluggerät erreichen. Ein gewaltiger Hangar wurde in Ny-Ålesund errichtet, der nicht erhalten ist, von dem man aber ein sehr anschauliches Modell im dortigen Museum bestaunen kann. Der Startmast allerdings, an dem die *Norge* befestigt war, steht immer noch – er ist heute ein beliebtes Ziel für alle Ny-Ålesund-Besucher und -Besucherinnen. Denn wenn es auch ein schnöde wirkender Metallmast sein mag, so hat sich doch viel, so viel Geschichte rund um ihn herum zugetragen.

Dieses Mal waren sechzehn Mann im Team, Amundsen als Expeditionsleiter und Navigator, Nobile als Erbauer und Pilot, natürlich war auch Ellsworth mit an Bord, außerdem die Piloten der N24 und N25 und schließlich noch ein Stargast: Nobiles kleiner Hund Titina, den er überall mit hinnahm.

Am 11. Mai 1926 startete die *Norge* von Ny-Ålesund und nahm Kurs gen Norden. Diesmal ging der Plan auf, endlich. Nach der umgeplanten Skiexpedition und dem missglückten Flugvorhaben erreichte Roald Amundsen mit der *Norge* den Nordpol, am 12. Mai 1926, nachts um halb zwei. Landen konnte das Luftschiff nicht, das ging nicht ohne Bodenpersonal, der Pol wurde also lediglich überflogen. Bei diesem Überflug nun kam es zu einer der Schlüsselhandlungen, die Jahre später noch fatale Folgen haben sollte. Amundsen warf die norwegische Flagge aus der *Norge*, Ellsworth ließ die amerikanischen Stars and Stripes hinterherflattern – und dann kam Nobile. Er hatte eine riesige Tricolore dabei, von keinem Geringeren als Mussolini persönlich hatte er diese Flagge überreicht bekommen, die so überdimensioniert war, dass die beiden anderen dagegen wie Fahrradwimpel aussahen. Und so, wie schon kleine Jungen es nicht leiden können, wenn im Sandkasten ein anderer einen größeren Bagger hat, waren Amundsen und Ellsworth nun ganz und gar nicht begeistert, dass Nobile solch ein großes Zeichen hinterlassen hatte.

Konflikte gab es ohnehin schon einige. Amundsen reiste in der Führerkabine gebettet auf einem mit Samt ausgeschlagenen Stahlrohrsessel, während Nobile und seine Männer hart arbeiteten, um die *Norge* bis zum Nordpol zu bringen. Die *Norge* vereiste immer mehr, Eisstücke wurden von den Propellern gegen die Hülle geschleudert, kontinuierlich waren Reparaturen notwendig. Doch dank der harten Arbeit schaffte es das Luftschiff bis nach Alaska. Weil die Wettervorhersagen jedoch denkbar schlecht waren, landete es in Teller anstelle von Nome. Seinen Polerfolg wollte Amundsen nun vielleicht gerade noch mit dem Geldgeber teilen, von dem ja ein jeder wusste, dass er lediglich Geld gegeben hatte. Doch Nobile, der mit seinem Wissen und Können wesentlich zum Erfolg beigetragen hatte, sollte keinen Anteil an dem Ruhm haben. Wieder kam es zu Unstimmigkeiten, als Nobile seinen Teil des Erfolgs für sich beanspruchte.

Dieses unsinnige Kräftemessen war wohl ein wesentlicher Faktor, der Nobile veranlasste, ein weiteres Luftschiff zu bauen und 1928 erneut zum Nordpol aufzubrechen, diesmal ohne Amundsen, ohne Ellsworth, in seinem Luftschiff *Italia*.

Am 23. Mai 1928 startete Nobile mit der *Italia* von Ny-Ålesund aus, und erst einmal lief alles reibungslos. Die *Italia* erreichte am 24. Mai den Pol und machte sich auf den Rückweg.

Doch das Luftschiff sollte Ny-Ålesund nie mehr erreichen. Die *Italia* sank am 25. Mai nördlich von Spitzbergen tief hinunter auf das Eis und schrappte mit der Gondel über die Presseisrücken. Abgerissen von ihrem Mutterschiff, blieb die Gondel liegen, in ihr Nobile und neun weitere Besatzungsmitglieder. Die *Italia* aber war durch den Abriss der Gondel leichter geworden. Sie stieg wieder auf und verschwand mit den sechs anderen Männern im Nebel. Weder von der *Italia* noch von den Männern sollte jemals eine Spur gefunden werden.

Nobile fand sich nun, wie einst Amundsen bei seinem ersten Flugversuch, auf dem gefrorenen Polarmeer wieder, doch anders als sein Kontrahent ohne ein Fluggerät und damit ohne Chance, aus eigener Kraft von dort wieder wegzukommen. Anders als Amundsen hatte Nobile aber kurz vor dem Start noch ein kleines Kurzwellenfunkgerät eingepackt – und dieses lag nun mit auf dem Eis. Der italienische Funker Giuseppe Biagi begann, unermüdlich Notrufe abzusetzen. Tagelang aber hörte diese Notrufe niemand.

Bis zum 2. Juni 1928. An diesem Tag empfing der russische Funkamateur Nikolai Reinhold Schmidt den SOS-Ruf – und erkannte glücklicherweise auch, dass es sich um einen solchen handelte. Sobald der Funkamateur die Botschaft weitergegeben hatte, sollte eine der größten internationalen Rettungsaktionen beginnen, die es je im Polarmeer gegeben hatte. Schiffe brachen von Spitzbergen auf, aus Barentsburg machte sich eine Expedition mit einem Hundeschlitten auf den Weg, aus Russland dampfte der Eisbrecher *Krassin* los, Schweden schickte Flugzeuge. Und Italien? Das Heimatland der Expedition konnte sich, erst nachdem sich die Bevölkerung gewaltig empörte, zur Entsendung zweier Kleinflugzeuge entschließen.

Diese große internationale Zusammenarbeit war natürlich auch Amundsen nicht entgangen. Und obwohl es sich bei dem Vermissten um seinen großen Kontrahenten handelte, beschloss er, sich selbst aufzumachen, nach Nobile zu suchen. Tat er das, weil er so am Ende doch wieder gewinnen konnte? Weil er so nicht nur der bislang einzige Überflieger des Pols, sondern auch noch der edle Retter des Mannes sein konnte, von dem er selbst ja immer gesagt hatte, dass dessen Beitrag zum Erfolg ein nebensächlicher gewesen war? Und hatte den Beweis für die Richtigkeit von Amundsens Aussagen nun Nobile nicht selbst erbracht? Sah sich Amundsen schon unter Beifall den geknickten Nobile nach Ny-Ålesund zurückbringen und seinen Ruhm dadurch noch größer werden? Wer weiß das schon.

Am 18. Juni stiegen Amundsen und der Pilot Leif Dietrichson, mit dem er schon in der Dornier Wal zum Nordpol geflogen war, in Tromsø in das Wasserflugzeug *Latham 47*, eine

Leihgabe aus Frankreich. Nach einigen Startversuchen hob die *Latham* ab und machte sich auf den Weg nach Spitzbergen.

In der Zwischenzeit gelang es dem schwedischen Piloten Einar Lundborg, die Männer auf dem Eis auszumachen. Die Männer hatten eine Zeltplane rot eingefärbt, um auf dem Polarmeer besser sichtbar zu sein, ein Vorgang, der 1969 einem sowjetisch-italienischen Film über diese Rettungsaktion seinen Namen geben sollte: *Das Rote Zelt*. Eine echte Perle in der Kinogeschichte übrigens, mit Sean Connery, Mario Adorf, Peter Finch und Hardy Krüger, und weil in dem ganzen Setting so gar keine Frau unterzubringen war, wurde extra für Claudia Cardinale noch die Rolle einer Krankenschwester eingefügt – das ist der hanebüchenere Teil in einem insgesamt zwar sehr skurrilen, aber doch sehenswerten Film.

Nobile, der bei der Bruchlandung mehrere Knochenbrüche erlitten hatte, wurde von Lundborg in Sicherheit gebracht. Mit dem Schritt in das Flugzeug beging Nobile einen folgenschweren Fehler, der ihm die unehrenhafte Entlassung aus der Armee einbringen sollte: Denn der Expeditionsleiter verließ seine Männer, und das auch noch als Erster. Doch Gründe dafür gab es einige: Zum einen war Nobile verletzt, außerdem hoffte er, auf der *Krassin* mehr für die Rettung seiner Männer tun zu können, als wenn er weiterhin tatenlos im Eis herumsaß, wo er ja doch zur Bewegungsunfähigkeit verdammt und eher noch eine Last denn eine Hilfe war. Und dann hatte natürlich auch noch der Schwede Lundborg seine Mannesehre – er konnte nur einen weiteren Menschen an Bord seiner kleinen Maschine nehmen, wenn er also jemanden rettete, sollte das schon der Chef sein, denn daraus wiederum erhoffte sich der junge Pilot ein bisschen Ehrenschein für sich. In der Tat sollte auch alles gut gehen: Die *Krassin* erreichte das Rote Zelt am 12. Juli und rettete die verbliebenen Männer.

Was war aber nun mit Amundsen geschehen? Amundsen und Dietrichson kamen nie auf Spitzbergen an. Wahrscheinlich stürzte die *Latham* in der Nähe der Bäreninsel ab. Später fand man einen der Schwimmer, der von der *Latham* stammen musste, da an ihm die Reparaturen zu sehen waren, die vor dem Start an dem Flugzeug durchgeführt worden waren. So beschädigt, wie der Schwimmer war, musste die Maschine wohl recht hart auf dem Wasser aufgeschlagen sein. Auch den Benzintank fand man noch – bei ihm hatte jemand versucht, mit einem Holzpfropf eine undichte Stelle zu verschließen. Hatte die *Latham* Treibstoff verloren und war deshalb abgestürzt? Auch das werden wir nie mit Sicherheit wissen. Nach Amundsen wurde ausdauernd gesucht, doch nichts gefunden.

Die letzte Suchaktion nach Hinweisen auf den Verbleib Amundsens fand sogar erst vor einigen Jahren statt: Am 24. August 2009 begann eine groß angelegte Suchaktion nach dem Flugzeugwrack und den sterblichen Überresten Amundsens. Die norwegische Marine stellte zwei Schiffe dafür zur Verfügung, mit denen unter Zuhilfenahme von modernen Sonaranlagen und Tauchrobotern das Flugzeugwrack in der Barentssee geortet werden sollte. Die Suche wurde am 5. September 2009 eingestellt, ohne dass das Wrack des Flugzeugs oder andere Spuren Amundsens gefunden worden waren.

Nobile allerdings wurde nach seiner Rückkehr in seinem Heimatland geschmäht. Dabei hatte er im Grunde nichts anderes getan als Ernest Shackleton, als der mit seinen Mannen auf Elephant Island strandete, nachdem sein Schiff vom Eis zerquetscht worden war: Auch Shackleton hatte seine Männer verlassen und war mit einem kleinen Rettungstrupp aufgebrochen, um Hilfe zu holen, was ihm ja auch gelang. Shackleton wurde für diese Leistung gefeiert; niemand wäre je auf die Idee gekommen, seine Entscheidung anzuzweifeln, den Rettungstrupp selbst anzuführen und die Männer in einer der unwirtlichsten Gegenden der Welt zurückzulassen. Nobiles Handeln allerdings wurde von Anfang an als Im-Stich-Lassen interpretiert. Erst 1945, nach dem Ende des Zweiten Weltkriegs, wurde er rehabilitiert.

Heute sind auf Spitzbergen an mehreren Orten Spuren der Nobile-Expedition und ihrer Rettungsmannschaften zu finden. Unweit des Luftschiff-Masts in Ny-Ålesund steht beispielsweise ein Monument, das an die Rettungsaktionen und ihre Beteiligten erinnert. Und viel weiter nördlich hat auf der Chermsideøya am Beverlysund die *Krassin* Spuren hinterlassen: An diesem Strand haben einige Besatzungen die Namen ihrer Schiffe mit Steinen in den Boden gelegt, die man heute noch lesen kann. Auch »Krassin 1928« ist dabei. Auch an anderen Stellen sind heute noch Plaketten und Andenken zu finden.

Aber was war eigentlich mit Titina, dem kleinen Hund Nobiles? Auch er überlebte den Absturz. Nobile, der ein so großes Herz für den Hund hatte, ließ den kleinen Terrier sogar präparieren, als er später starb. Der Hund lebte als Statue in einer Wohnung in Rom noch lange weiter, so erzählte mir vor einigen Jahren ein Nachkomme Nobiles. Als Kind wollte dieser gern mit dem präparierten Hund spielen, wurde dafür aber ordentlich geschimpft. Der Hund sollte gut erhalten bleiben. 2023 erlangte Titina noch einmal Berühmtheit: als ein gleichnamiger – und sehenswerter – Zeichentrickfilm erschien, der die Amundsen- und Nobile-Tragödie aus der Sicht des kleinen Hundes erzählt.

Die Nakenbadeklubbs

Es brennt. Es fühlt sich nicht kalt an, sondern heiß. Millionen Nadelstiche, in jeder Pore einer, am ganzen Körper, allüberall. Alarm, Großalarm, Lebensgefahr-Alarm! Adrenalin, Endorphin und alle anderen –ine, die es so gibt, fließen ins Blut hinein. Kurz ist man so lebendig wie nie zuvor, dann beginnen die Arme und Beine seltsam schwer zu werden, die Muskeln müde und steif. Das ist der Moment, an dem man ganz dringend wieder ins Trockene muss.

So fühlt es sich an, wenn man in Wasser mit negativer Temperatur badet. Das gibt es tatsächlich. Denn Meerwasser gefriert ganz anders als Süßwasser, sein Gefrierpunkt liegt erst bei minus 1,9 Grad Celsius bei einem durchschnittlichen Salzgehalt von 3,5 Prozent, schwankt aber abhängig vom Salzgehalt, der in den Meeren der Welt nicht überall gleich ist. Wenn man also im kältestmöglichen Wasser baden will, muss man entweder in eines der kältesten Meere der Welt springen oder in einen Zuber zu Hause ein paar Kilo Salz schütten, bevor man sich bei Minusgraden hineinsetzt.

Meine kältesten Wasserbäder habe ich am Nordpol genommen, minus 1,7 Grad war das Wasser dort kalt. Wenn man genau richtig lange drinbleibt, ist man danach den ganzen Tag warm. Bleibt man zu lange im Wasser, friert man stundenlang, und auch die dicksten Daunendecken helfen nicht, die Kälte sitzt dann tief in den Knochen, die sich anfühlen, als seien sie gefroren, eine ganz seltsame Empfindung ist das.

Ich habe mich immer darauf gefreut, in dieses tiefschwarze, todeskalte Wasser zu steigen und danach so lebendig zu sein, ich musste immer lachen, wenn es vorbei war, und diese Naturdrogen, die der Körper da so in einem ausschüttete, fühlten sich einfach herrlich an. Außerdem wollte ich auch immer, dass mein Körper wusste, wie sich so kaltes Wasser anfühlt, sollte ich auf den Skiern oder bei anderen Eisbesuchen doch einmal unerwartet einbrechen. Dann hatte mein System diese Erfahrung schon gespeichert, was mir dann beim Bewältigen der Situation nur helfen konnte. Dachte ich so.

Baden war also für mich ein fester Bestandteil der Arktisreisen und ein Badeanzug immer dabei. Es gibt auch sonst vereinzelt Abenteuerlustige, die bei einer Arktisreise an einen Badeurlaub denken. Ich hatte sogar schon Gäste, die sich vorgenommen hatten, überall zu baden, wo wir an Land gingen. Und das dann auch taten, egal, welch steife Brise wehte. Denn das Schlimmste ist ja eigentlich der Wind hinterher. Wenn es windstill ist, ist das Bitzeln und Knipseln der Haut schon wild genug, bis man wieder angezogen ist, aber wenn dann auch noch ein stärkerer Wind weht, dann tut es einfach richtig weh.

Wer mit einem Schiff auf Spitzbergen unterwegs ist und während der Reise badet, bekommt am letzten Tag der Tour oft ein Zertifikat zu der arktischen Planscherei überreicht. Darauf ist notiert, wo das Ganze stattfand, bei welcher Luft- und Wassertemperatur und Windstärke.

So ähnliche Zertifikate und sogar Kleidungsaufnäher gibt es auf Spitzbergen auch an einigen Orten an Land, aber sie sind nicht ganz einfach zu erreichen: Die Besatzungen der Wetterstationen auf den kleinen Inseln Hopen, Jan Mayen und auf der Bäreninsel haben die berühmten *Nakenbadeklubbs* gegründet, die Nacktbadeklubs. Wer sich dort eine Urkunde oder einen Aufnäher erbaden will, muss allerdings feste Regeln beachten. Und diese Regeln machen auch die Gründe, warum es diese Nakenbadeklubbs überhaupt gibt, so durchsichtig wie die nicht zu tragenden Badeanzüge. Denn natürlich muss man unbekleidet ins Wasser, wie sich das für einen Nakenbadeklubb gehört. Dann muss auch der Kopf dabei ganz untertauchen. Das soll vermutlich vorbeugen, dass manche nur bis zu den Knien oder zum Nabel ins Wasser gehen und behaupten, sie badeten aber immer so. Und schließlich kommen wir zur letzten Auflage, nach der jeder »Aha!« sagt. Die Regeln besagen, dass man für sein kaltes Bad zwei bezeugende Personen benötigt: eine, die ein anderes Geschlecht haben muss als das eigene. Und eine weitere, die der Station angehört. Aha!

Den Besatzungen der Wetterstationen war es wohl langweilig gewesen, verständlich, wenn man monatelang auf einer recht einsamen Station in der Arktis sitzt. Da ist es doch eine willkommene Abwechslung, wenn sich ab und zu mal jemand nackig macht.

Ich selbst wurde 2014 stolzes Mitglied des Hopen Nakenbadeklubbs, bei meinem ersten von bisher ganzen zwei Besuchen dieser Insel. Als ich von dem Nakenbadeklubb hörte, wollte ich natürlich sofort beitreten. Eine strenge Brise wehte an dem Tag, aber nicht einmal die hielt mich davon ab. Gelegenheiten, die nicht so schnell wiederkommen, reißen eben so manche Komfortgrenze nieder. Mein erster Zeuge war mein Ehemann, der sich ebenfalls ins Wasser traute, der zweite Zeuge war ein betont streng dreinblickender Meteorologe, der uns aus windgeschützter Position beäugte und sicherstellte, dass wir auch wirklich den Kopf untertauchten. Wieder am Strand angelangt, juchzten wir uns in die klammen Klamotten, und unsere Körper warfen viele Extraschaufeln Kohle in den Ofen.

Dann sprangen wir den Hang hinauf zu der Station und bekamen dort ganz feierlich die Urkunde und den Aufnäher überreicht.

Den verwegenen Plan, alle Urkunden aller Klubbs zu bekommen, habe ich allerdings aufgegeben. Auf Jan Mayen wird die Station so gut wie nicht mehr angelaufen, auf die Băreninsel schaffte ich es bisher nur ein Mal, und da auch nicht an die Stelle, an der die Station liegt. Bevor ich das allerdings noch einmal versuche, muss sehr viel Zeit vergehen. Denn die Bäreninsel besuchten wir, als wir auf der *Antigua* von den Niederlanden nach Spitzbergen segelten, in einem ganz und gar nicht stillen Ozean. Ich habe gelitten. Das muss ich erst alles vergessen, was mir bisher nicht gelungen ist und vielleicht nie gelingen wird, denn es sind schon einige Seetage, die man da meistern muss. Vielleicht bleibt es für mich also für immer beim Hopen Nakenbadeklubb, oder ich trete erst noch einmal dem neu gegründeten Longyearbyen Nakenbadeklubb bei – der ist beim Campingplatz. Da kann man hinradeln.

Traurige Reste

Nässe nieselte in unsere Gesichter, die Tropfen rannen uns langsam in die Kragen. Tief hingen die Wolken über uns, bleigrau. Wir tapsten über die nasse Tundra, deren Feuchte sich an unseren Stiefeln einen Weg zu unseren Hosenbeinen suchte, wir wurden nass von oben und unten. Diese Stimmung passte ein bisschen zu dem, was wir hier suchten, der Himmel schien trüb und traurig zu sein. Wir wurden bald fündig, stießen auf die erste Spur: ein Grab, das zu der Station »Kreuzritter« gehörte, eine der Stationen, die die Wehrmacht während des Zweiten Weltkriegs auf Spitzbergen errichtet hatte. Es gibt eine ganze Reihe dieser Stationen auf den verschiedenen Inseln, wir waren hier nun im Woodfjord, im Norden Spitzbergens, dem gleichen Fjord, in dem in den 1930er-Jahren Christiane Ritter überwintert hatte. Auf einer Anhöhe sahen wir ein Kreuz in den Himmel ragen, das Kreuz, das zum Grab des Stationsleiters Hans-Robert Knoespel gehörte. Knoespel war Ornithologe und hatte sich vor dem Krieg besonders mit den weißen Gerfalken oder »Grönlandfalken« beschäftigt. Nach Kriegsausbruch meldete er sich für den Wetterdienst der Marine und wurde wegen seiner Erfahrung in der Arktis schnell zum Ausbildungsleiter der sogenannten Marinewettertrupps. 1941 ging er, gerade einmal fünfundzwanzig Jahre alt, an Bord des Wetterschiffs *Sachsen*, mit dem er schließlich nach Spitzbergen kam. Dort leitete er zwischen Oktober 1941 und August 1942 zuerst das »Unternehmen Knospe« und errichtete im Krossfjord die gleichnamige Wetterstation. 1943 baute er die Station des »Unternehmens Kreuzritter«. Dort, wo wir nun waren.

Während des Zweiten Weltkriegs war bereits bekannt, wie wichtig die Wetterdaten des hohen Nordens für das Wetter im Süden waren; vor allem für Bombenangriffe waren verlässliche Vorhersagen von großer Bedeutung. Alliierte wie auch Deutsche bemühten sich daher darum, meteorologische Stationen in der Arktis zu bauen, die ihnen diese Daten liefern konnten. Geheime Missionen waren das. Ihre Namen klangen nicht nach Vernichtungskrieg, sondern nach etwas zwischen Abenteuer und Pfadfinderlager: »Holzauge«, »Haudegen« oder »Schatzgräber«. Ausrüstung und Personal wurden an strategisch geschickte Orte gebracht; die Soldaten funkten dann täglich ihre Wetterdaten, immer bemüht, nicht entdeckt zu werden. So auch auf der Station »Kreuzritter«.

Als der Krieg schließlich seine Wendung nahm, sollte der Wettertrupp im Juni 1944 vom U-Boot 737 abgeholt werden. Wenige Tage zuvor wurde die Abholung verschoben. Weil sich das Wetter eintrübte und das Aufziehen von Seenebel wahrscheinlich wurde, fürchtete Knoespel, dass die U-Boot-Besatzung den Küstenabschnitt verwechseln und anstatt bei »Kreuzritter« bei einer drei Kilometer entfernten Trapperhütte anlanden könnte, die er selbst vermint hatte. Er kam daher auf die verwegene Idee, die Hütte samt Minen vorsorglich in die Luft zu sprengen. Mit seinem Hund brach er zu der Hütte auf, legte dort eine Sprengladung, ging außerhalb der Hütte in Deckung und wartete. Er wartete mehr als eine Dreiviertelstunde lang, doch es erfolgte keine Detonation.

Schließlich stand er auf, verließ seine Deckung und ging wieder auf die Hütte zu. Genau in diesem Moment aber explodierte die Sprengladung.

Zwei Männer brachen mit Hundeschlitten aus der Station auf und wollten Knoespel zu Hilfe eilen, fanden ihn aber bereits bewusstlos vor. Gleichzeitig kam nun auch das U-Boot an. Auch dessen Bordarzt konnte nichts für Knoespel tun. Drei Stunden nach der Detonation starb er, achtundzwanzig Jahre alt, »für Großdeutschland«. So lasen wir, siebenundsiebzig Jahre später, auf der Inschrift auf seinem Grabkreuz.

Auf dem Grab, vor dem wir nun im tropfenden Regen standen, lagen eine rostige Bratpfanne, mehrere Patronenhülsen, die langsam im Moos versanken, und Reste einer Granate. Die Plakette mit der Grabinschrift, fiel uns auf, trug die Jahreszahl 1939. Zu Beginn des Krieges hatte man wohl bereits massenweise derlei Grabplaketten angefertigt, die man bei Bedarf nur noch beschriften musste. Vielleicht war es genau dieses Detail, das diese ganze Szenerie noch absurder, noch trauriger, noch weniger verständlich machte. Denn es gibt kaum ein absonderlicheres Erlebnis, als tagelang mit einem Schiff durch die Inselwelt Spitzbergens zu fahren, über Tundra und durch Schnee zu wandern, keine Menschenseele und auch keine Spur menschlichen Daseins zu sehen – um dann auf derlei Überreste zu stoßen. Gerade im hohen Norden, wo der Himmel so weit, die Luft so klar, alles so groß und grenzenlos erscheint, fällt einen die Sinnlosigkeit von Kriegen ganz besonders an.

Wir verließen das Grab des jungen Mannes. Wie er zu der Ideologie gestanden hatte, die ihn hier an diesen Ort gebracht hatte, wussten wir nicht. Von einem anderen Stationsleiter, Wilhelm Dege, der die Station »Haudegen« im Rijpfjord auf Nordaustlandet geleitet hatte, ist überliefert, dass dieser sich vor allem als Wissenschaftler, als Meteorologe gesehen hatte. Als gegen Kriegsende vergessen wurde, die Besatzung »Haudegens« zu evakuieren, setzte Dege seine Wettermeldungen noch monatelang fort. Eine der kuriosesten Geschichten des Zweiten Weltkriegs, denn tatsächlich war »Haudegen« der Ort, an dem zuletzt kapituliert wurde: Dege ergab sich den Norwegern, die die Männer im September 1945, vier Monate nach Kriegsende, abholten.

Ein Stück weiter den Hang hinunter fanden wir die Reste der Station. Holzplanken, Glasflaschen, viele rostige Gegenstände und viele Akkus. Alles versank langsam in der Tundra, in einigen Flaschen hatten sich wahre Gewächshäuser gebildet, die Pflanzen gediehen darin prächtig. Eine Flasche, gefüllt mit Löffelkraut, lag im Moos zwischen dem Kriegsgerümpel, ihr Anblick war seltsam tröstlich.

Wir standen eine Weile an dieser Station und sagten nicht viel, wir hörten vor allem die Tropfen auf unseren Kapuzen. Was gab es auch zu sagen über etwas, das man so wenig begreifen konnte. Spitzbergen, ein Ort der Natur, ist wohl wie kaum ein anderer Ort geeignet, den Menschen zu zeigen, wie wundervoll die Welt in ihrem Urzustand ist, den es heute ja in Wahrheit nirgends mehr gibt. Doch bekommt man hier noch einen kurzen Blick in eine Welt ohne Menschen, und es erscheint einem dann noch absurder, dass es Grenzen, Teilungen, Feindseligkeiten und Kriege gibt. Dieses Gefühl habe ich auch, wenn ich auf Gipfeln der Alpen stehe. Warum es Grenzen gibt, versteht man dort nicht. Denn unsere Erde, die Natur, kennt derlei ja nicht, es wird getötet in der Natur, und es geht mitunter grausam zu, doch gibt es keine Grausamkeit um der Grausamkeit willen, keine Habgier, keinen Machthunger. Tiere kennen keine Konstrukte, die am Ende zu einem Ort wie diesem führen, mit zersplitterten Flaschen und einem Grab in der Tundra.

Die Stationen von damals werden so belassen, wie sie sind, langsam zerfallen sie immer mehr und versinken im Boden.

Licht und Dunkel

Wenn es Nacht ist auf Spitzbergen und kein Mond scheint, dann ist es so dunkel, als sei man in einen tiefen Keller hinabgestiegen, in den schon hundert Jahre lang kein Licht mehr gefallen ist. Es ist so dunkel, dass die Augen in dem Schwarz herumtasten, dass die Hände in das Nichts hineingreifen, weil man denkt, man könne diese Schwärze anfassen. Im Hochwinter wird es in Longyearbyen nicht einmal mehr dämmrig. Stadtmenschen sind das nicht mehr gewohnt, und Leute auf dem Land auch immer weniger, seit in viel zu vielen Gärten Solarlampen leuchten, weil es sie gibt.

Im Winter rund um die Uhr dunkel, im Sommer rund um die Uhr hell – dieser riesige saisonale Unterschied in der Sonneneinstrahlung ist eine der vielen faszinierenden Eigenschaften der polaren Gegenden unserer Erde. Wo kann man das schon, Grillpartys veranstalten, ohne je an eine Laterne oder Fackel zu denken? Und wo wiederum gehört der Griff zur Stirnlampe monatelang genauso zum Verlassen des Hauses wie der Griff nach den Schlüsseln? Ende Oktober geht die Sonne alljährlich zum letzten Mal unter über den Inseln, bevor sie erst Mitte Februar zum ersten Mal wieder aufgeht.

Die Polarnacht dauert hier also dreieinhalb Monate, wobei es am Anfang und Ende dieser Zeit noch gar nicht dunkel ist. Wer sich ein bisschen mit Polarnacht und Polartag beschäftigt, lernt schnell, dass es nicht nur Zeiten der Helligkeit und Dunkelheit gibt, sondern lange Schattierungen dazwischen, und je nachdem, wie weit die Sonne unter den Horizont sinkt, gibt es dafür auch verschiedene Namen: Von der bürgerlichen Dämmerung spricht man in der Phase, in der die Sonne bis zu sechs Grad unter dem Horizont steht. Das ist gleichzeitig die Phase – deswegen heißt sie auch so –, in der das menschliche Auge noch einen Lichtschein wahrnehmen kann, man muss anfangs noch nicht unbedingt das Licht einschalten, und es ist noch so hell, dass man kaum Sterne sehen kann. Die bürgerliche Dämmerung ist auch die Zeit, in der das Licht die schönsten Färbungen einnimmt. Von Zartrosa über Golden bis Dunkelrot – geradezu kitschig malt die Sonne die Umgebung in diesen Stunden an.

In der nächsten Dämmerungsphase, der nautischen Dämmerung – die Sonne ist zwischen sechs und zwölf Grad unter dem Horizont –, wird es dann so dunkel, dass man ohne Licht kaum noch etwas sehen kann, dafür sind viele Sterne mit bloßem Auge am Himmel zu erkennen. Deswegen heißt diese Dämmerung auch so, der Name stammt aus der Seefahrt, aus der Zeit, als man noch mit den Sternen navigierte. Die dunkelste Dämmerungsphase schließlich ist die astronomische Dämmerung, wenn die Sonne zwischen zwölf und achtzehn Grad unter dem Horizont steht – sie heißt so, weil nun die meisten Sterne am Himmel sichtbar sind.

Obwohl die Sonne also Ende Oktober unter dem Horizont verschwindet, gibt es in Longyearbyen noch etwa bis Mitte November eine wunderbare Dämmerungsphase, auch wenn sie am letzten Tag gerade mal noch eine Stunde über Mittag währt. Erst dann fängt sie so richtig an, die *Morketida*, die Zeit, in der der Mond und die Sterne die einzigen Lichtquellen sind.

Mittagsflüge vom Festland nach Spitzbergen sind in dieser Zeit eine Reise in die Finsternis, steigt man aus, fühlt man sich wie nach einem Langstreckenflug und nicht wie nach zwei oder drei Stunden; Körper und Geist verstehen nicht, wie es schon wieder dunkel sein kann, wo es doch gerade erst hell geworden ist. Man bekommt ein anderes Verhältnis zu Licht und Dunkel, wenn man einige Zeit in einem Spitzbergenwinter zugebracht hat. Nach mondlosen, bewölkten, zappendusteren Phasen erscheint es einem beinahe taghell, wenn Schnee liegt und der Himmel wieder klar ist: Denn dann reflektiert das viele Weiß des Schnees und des Eises das Licht von Mond und Sternen auf seine ganz eigene Art, und es kommt zu jenem silbrig bleigrauen Licht, das Mondwinternächten überall eigen ist.

Wer nun denkt, die Polarnacht sei eine gruselige, gar triste Zeit, liegt falsch. Die Bewohnerschaft des Nordens sieht in dieser Zeit eine Phase der Ruhe, in der alles einmal etwas langsamer geht, es ist auch die Zeit, in der man einander viel nach Hause einlädt. Bis Weihnachten herrscht mit vielen Dekorationen und Lichtern ohnehin eine gemütlich festliche, eben weihnachtliche Stimmung, und wenn die Feiertage im Januar vorbei sind, hat man die dunkelste Zeit schon weitgehend hinter sich.

Dennoch bekommt man auch zu elektrischem Licht ein anderes Verhältnis, wenn man eine Zeit lang in einem Land verbracht hat, in dem es im Winter so lange so dunkel ist. Beleuchtete Loipen? Die Lichter im ganzen Haus brennen lassen, obwohl man sich ja immer nur in einem und nicht in allen Zimmern gleichzeitig aufhalten kann? Verschwenderische Außenbeleuchtung? All das gibt es in Norwegen, und man kann es ihnen nicht übel nehmen. Als Deutsche, die immer wieder das Licht ein- und ausschalten, wenn wir Zimmer betreten und verlassen, müssen wir uns hier umgewöhnen, doch wir wissen auch nicht, wie es ist, das ganze Leben saisonal in völliger Dunkelheit zu verbringen. Wer weit im Norden im Winter noch Sport machen will, ist froh über weitläufig beleuchtete Loipen, auf denen man weit sehen und sich außerdem auch sicher fühlen kann – sicherer jedenfalls als mit einer einsamen Stirnlampe im Zappendusteren.

Überhaupt, die Lichter: Auf Spitzbergen stehen, wie auch in ganz Norwegen, in vielen Fenstern kleine Lämpchen. Diese Lämpchen brennen auch in manchen Ferienhäusern über den Winter hinweg, obwohl gar niemand zu Hause ist. Denn für die Menschen im Haus brennen die Lampen gar nicht, sie leuchten für die Menschen auf See: Früher stellten die Menschen, die Seefahrer in der Familie hatten, Kerzen in ein Fenster, auf dass der Geliebte wieder nach Hause finde. Aus der Kerze wurden Lämpchen, die nun in beinahe jedem Haus entlang der Küste stehen.

Spätestens im Januar aber wird manchen Menschen in Longyearbyen die Zeit doch sehr lang, denn hier gibt es ja noch eine Spezialität, die die Menschen in ihrer Bewegungsfreiheit einschränkt: den Eisbären. Dunkelheit und Eisbären sind keine gute Kombination. So kann man vielleicht mit Schneemobilen im Dunkeln noch unterwegs sein, weil man sich mit ihnen schnell davonmachen kann. Wanderungen und Skitouren aber sind in der Dunkelzeit keine so gute Idee, denn unter Umständen riecht man den Bären dann, bevor man ihn sieht.

Ende Januar wird wieder ein ersehnter Lichtschein der Sonne erkennbar; zum ersten Mal über den Horizont spitzt sie Mitte Februar. Diese langen Dämmerungsphasen sind auch die Zeiten, in denen die Menschen Longyearbyens besonders gerne auf Berge steigen: Denn je höher man selbst ist, desto länger sieht man natürlich die Sonne, und vor allem kommt man so aus dem Schatten der Berge heraus. Wenn die Sonne wiederkommt, beginnt in Longyearbyen eine der schönsten Zeiten überhaupt: der Lichtwinter. Nun kann man sich endlich wieder frei bewegen, denn nun sieht man auch wieder, wo vielleicht ein Eisbär herumlungern mag. Es liegt Schnee, das Licht bekommt jenes wunderbare Blau, nun bricht die Zeit des Wintersports an, mit weiten, tagelangen Skitouren mit Zelt oder Pulka oder Fahrten mit dem Schneemobil. Auch alpine Skitouren sind in den jüngsten Jahren immer beliebter geworden, Berge gibt es ja genug.

Die Berge sind auch schuld daran, dass es noch bis zum 8. März dauert, bis nach dem ersten Sonnenaufgang die ersten Sonnenstrahlen wirklich Longyearbyen erreichen – früher schafft es die Sonne nicht über die Gipfel. Das erste Fleckchen, das von Sonne beschienen wird, liegt im ältesten Ortsteil Skjæringa. Dort steht noch immer die alte Krankenhaustreppe, und rund um diese Treppe herum, auf der sich meistens die Kindergartenkinder aufstellen, wird dieser lang ersehnte Moment natürlich jedes Jahr gebührend mit dem Solfest, dem Sonnenfest, gefeiert. Rasend schnell geht es dann dem Polartag entgegen: Schon Ende März wird es nur noch rund um Mitternacht dunkel, und Mitte April geht die Sonne schon nicht mehr unter. Und alles beginnt wieder von vorne.

Ist der saisonale Unterschied der Sonneneinstrahlung in den Polgebieten zwar am größten, so ist doch das Leben überall auf der Welt gleich abhängig vom Licht. Kaum kehrt die Sonne also zurück auf die Inseln und über das Meer, explodiert das Leben dort geradezu. Denn eben weil die Sonne dann so schnell auch wieder rund um die Uhr scheint, holt alles Leben dort sehr schnell an Sonnenschein und der darin gespeicherten Energie auf. Die Vögel kehren zurück, die Wale, die Blumen sprießen, Fortpflanzung ist allgegenwärtig, damit die Zeit des Sommers so gut wie möglich ausgenutzt wird. Wohl in keinem Gebiet der Erde kann man die Läufe der Natur so deutlich beobachten wie in der Arktis: das Erliegen und Ruhen beinahe allen Lebens und dann das fulminante Wiedererwachen im Sommer, das immer wieder einem Wunder gleicht.

Wer in solchen Regionen zur Welt kommt, kann es sich wohl kaum vorstellen, wie das Leben am Äquator sein muss, ohne nennenswerte Jahreszeiten, ohne diesen enormen Unterschied in der Sonnenscheindauer und die direkt daran gebundenen Lebenszyklen. Aber so reich ist eben unsere Welt.

Der Heleysund

Das Wasser scheint zu kochen, es sieht aus, als habe eine riesengroße Hexe mit einem riesengroßen Kochlöffel zwischen den Inseln herumgerührt und gigantische Strudel zurückgelassen in diesem Hexenkessel, auf den wir nun Kurs nehmen. Gespannt blicken wir voraus, auf eine Landschaft, die uns völlig in ihren Bann zieht. Wieder einmal sieht alles anders aus als das, was wir bisher gesehen haben, eine ganz neue Landform umgibt uns jetzt, und das Meer dazwischen ist nicht minder spannend. Wir sind im Heleysund angekommen, das ist der Sund zwischen Spitzbergen und der nördlichen Küste der Barentsøya. In solchen Wasserstraßen gibt es immer interessante Strömungsphänomene, und in diesem Sund liegt mittendrin auch noch die Kükenthaløya, was eine Durchfahrt noch heikler macht. Das Land ist geprägt von Klippen aus Vulkangestein, die relativ flache Inseln schroff ins Meer abfallen lassen. Wie beinahe immer in dieser Gegend ist keine Wolke zu sehen; das Blau des Himmels leuchtet noch stärker im Kontrast zu den schwarzen Klippen, und das Wasser dazwischen glänzt in einem Opalton, den ich nur von hier kenne.

Ich liebe diesen Sund. Seefahrerisch ist er eine meiner Lieblingsstellen des Archipels; es gibt einige wirklich schöne Passagen auf Spitzbergen, wenn man mit einem kleinen Schiff unterwegs ist, aber der Heleysund ist ein besonderes Erlebnis.

Dass wir uns dieser Durchfahrt und damit auch einer besonderen Unterwassergegend annähern, kann man sogar unter Deck hören: Es plitscht und gurgelt und klingt ganz anders als sonst. Spätestens dann ist es wirklich Zeit, an Deck und am besten auf die Brücke zu gehen.

Obwohl der Heleysund gar nicht so fürchterlich schmal ist, kommt es in dieser Passage zu enormen Strömungen, weil das Meeresniveau westlich und östlich davon einen Unterschied von etwa einem Meter aufweist. Die Strömungsrichtung dreht sich immer mit der Tide um, das heißt, mit der Ebbe geht es in die eine, mit der Flut in die andere Richtung. Das ist für Seefahrende ziemlich wichtig: Will man durch den Heleysund hindurchfahren, muss man natürlich wissen, wann das Wasser wie fließt, wann Ebbe und wann Flut ist, und auch noch, wann die Strömung am stärksten ist – und noch wichtiger ist das in den Zeiten der Springfluten. Denn es kann passieren, dass man im falschen Moment mit so viel Gegenströmung zu tun hat, dass man kaum vorwärtskommt, oder aber die Strömung so stark wird, dass man richtiggehend hindurchgespült wird. Beides kann anders als beabsichtigt verlaufen, vor allem, wenn auch noch ein paar Eisbrocken herumdriften.

Im Heleysund sind also die nautischen Fachleute und ihre Rechenkünste gefragt, die sich hier noch dazu auf nicht ganz verlässliche Tidentabellen verlassen müssen. Anhand dieser Berechnungen ergeben sich bestimmte Zeitfenster. Ich versuche immer, die Durchfahrt mit dem Kapitän so zu planen, dass wir sie tagsüber erleben, oder zumindest zu einer Zeit, in der alle Gäste wach sind. Für mich sind solche Momente das, was eine Schifffahrt ausmacht: Wir merken dann richtig, dass wir auf einem Schiff sind, und lernen wieder ganz neue Dinge über das Meer. Wir erklären den Gästen, welche Berechnungen die Brückencrew anstellen muss, wie einfach und doch komplex alles ist. Durch meine Schiffsarbeit habe ich gelernt, dass Wasser nicht immer gleich Wasser ist, dass es tatsächlich bergab oder bergauf gehen kann, dass es Täler und Berge gibt auf See. Ich habe gelernt, auf die Umgebung zu achten, denn so, wie das Ufer ist, geht es unter Wasser weiter. Fällt es flach ab, ist in Küstennähe flacheres Wasser zu erwarten, brandet das Wasser gegen eine Klippe, ist es vermutlich tiefer. Ich sehe nicht mehr nur die Wasseroberfläche, sondern versuche, mir das vorzustellen, was darunter ist. Dazu haben der Heleysund und alle Gespräche mit den verschiedenen Kapitänen, mit denen ich dort hindurchfahren durfte, wesentlich beigetragen. Und das versuche ich auch immer meinen Gästen mitzugeben.

Wenn alle eiswüstenstill bleiben, dürfen wir während der Durchfahrt auch auf die Brücke. So erleben wir mit, wie die Brückenbesatzung, die für diese Passage meistens vollzählig an Deck ist, konzentriert die Instrumente im Blick behält.

Vor uns liegt also diese schwarze Vulkanlandschaft, dazwischen die Stromschnellen. Fahren wir mit der Strömung, gibt es ab einem gewissen Punkt kein Zurück mehr, wir können nur noch weiterfahren. Wo wir auch hinblicken, sehen wir Strudel, in manchen drehen sich ganze Schwärme von Seevögeln wie in einem Karussell. Manchmal treiben kleine Eisbrocken in verschiedenen Richtungen aneinander vorbei, eine kuriose Beobachtung, dass das Wasser in zwei Richtungen fließt, aber all das gibt es hier. Manchmal neigt sich das Schiff zur Seite, wenn es einen Strudel durchfährt, manchmal knallt es, wenn es gegen eine Walze anschwimmt, manchmal surft es geradezu über die Wellen hinweg, dreht sich ein bisschen und setzt seine Fahrt fort. Dann verstehen wir, warum die Nautikerinnen und Nautiker hier alle Hände voll zu tun haben.

Fährt man von Süden nach Norden durch den Sund hindurch, öffnet er sich auf einmal, und man sieht, wie mitten auf dem Meer Wellen aufeinanderbranden, das ist die Strömung östlich der Barentsøya, die hier auf die Wasser des Heleysunds trifft.

Eine schöne Nebenwirkung dieser anspruchsvollen Navigation im Heleysund: Hier sind nur kleine Schiffe unterwegs; für die großen ist die Passage zu schmal. So ist man hier und auch schon weit südlich des Sunds eigentlich immer allein unterwegs. Alle größeren Schiffe müssen außen, also östlich an der Barentsøya vorbeifahren und verpassen diese Traumstelle.

In dieser Durchfahrt gibt es einen wundervollen Ankerplatz, eine schmale Bucht, die tief ins Landesinnere hineinschneidet. Auf den Karten heißt diese Bucht Straumslandet, inoffiziell aber wird sie Noorderlichthamna genannt, der Hafen der *Noorderlicht*. Weil natürlich das gleichnamige Segelschiff hier schon oft ankerte, genauso wie all die anderen schönen kleinen Schiffe. Als wir zuletzt dort hineinfuhren, im Sommer 2023, herrschte, ganz anders als sonst, dichtester Nebel. Wir hielten den Atem an, als die Steuerfrau die *Cape Race* in die Bucht hineinsteuerte; auf dem Schiffscomputer sahen wir, wie nah das Land sein musste, doch tatsächlich sahen wir nichts. Dann wurde der Nebel plötzlich braun, und eine Insel aus Dolerit formte sich aus dem Weiß heraus; fast schien es, als könnten wir den Felsen anfassen, so nah. Wer bisher noch nicht die Luft angehalten hatte, tat es spätestens jetzt. Strudel sahen wir nur direkt neben uns, bevor sie sich im Dunst verloren, doch wir spürten die Arbeit des

Wassers an unserem Schiff. Auf einmal war die Strömung weg, und das Schiff glitt tiefer in die schmale Bucht hinein, Felsen links und rechts. Gleichzeitig ertönten aus dem Salon und von der Brücke Rufe: »Belugas!« Tatsächlich hatten sich Weißwale zu uns gesellt, die nun um uns herum in das Straumslandet hineinschwammen, so dicht, dass wir sie selbst im Nebel gut sehen konnten.

Den Anker ließen wir so leise wie möglich ab, um die scheuen Meeressäuger nicht zu schrecken, doch waren wir ihnen auch so zu suspekt, sie blieben nicht bei uns in der Bucht. Im Nebel ruhten wir in der Noorderlichthamna.

Am nächsten Morgen sahen wir ein bisschen mehr, und so wagten wir uns hinaus in diese bizarre Vulkanlandschaft. Zum Nebel hatte sich feinster Tröpfelregen gesellt – man könnte meinen, dann sei so eine Landschaft trist, doch das war sie nicht. Saftig und feucht, in dunklen, satten Farben lag sie da, vollkommen still. Keine Vögel, keine Rentiere, was ich ungewöhnlich fand. Wir schlichen uns bis an die Landspitze heran; von hier kann man den gesamten weiten Heleysund überblicken, einen Ort, an dem man den Panoramamodus der Kamera anwenden muss, von der schwarzklippigen Kükenthaløya bis zur Barentsøya – es ist einer der schönsten Ausblicke der ganzen Inselwelt. Nur heute nicht.

Der Nebel war uns hinterhergeschlichen und wob nun seinen Vorhang fast unmerklich von allen Seiten immer dichter um uns hin. Tiefe Tapper von Eisbären fanden wir, direkt am Ufer, und immer noch kein Geräusch eines Vogels, auch die hier so oft anzutreffenden Schneehühner zeigten sich nicht. Die gewaltigen Pfotenkuhlen des Bären hatten sich ein bisschen mit Wasser gefüllt, ganz neu waren sie nicht, aber schon zuvor hatte ich in mir dieses Gefühl, das ich nur auf Spitzbergen ab und an habe, ein bäriges Gefühl nenne ich es.

Wir beschlossen, es gut sein zu lassen. Wir riefen die Zodiacs, die sich wenig später aus dem Nebel pellten, und suchten in den sicheren Booten die Küste ein ganzes Stück weit ab, das erschien uns ratsamer, als zu Fuß zu gehen. Gefunden haben wir diesmal keinen Bären, aber sicher saß irgendwo einer oder auch noch einer, und vielleicht haben sie uns sehr wohl gesehen, das weiß man ja nie, denn der ganze Sund ist ein beliebter Eisbären-Rastplatz, wenn das Eis verschwindet.

Im Nebel hoben wir den Anker und fuhren heraus aus der Noorderlichthamna, ließen uns durch den Sund spülen und gingen gleich südlich davon erneut vor Anker. Denn wir wollten etwas noch Spannenderes unternehmen als die reine Durchfahrt durch den Heleysund. Südlich der Kükenthaløya, also zwischen dieser Insel und der Barentsinsel, sieht die Landkarte aus, als habe sich ein Wurm durch einen Apfel gefressen, als habe er in aller Gemächlichkeit Gang für Gang und ab und an einen Verbindungsweg in das Obst hineingeknabbert. Deswegen heißt dieser Ort auch genau so: Ormholet, das Wurmloch. Hier ist die Wasserstraße noch schmaler, sehr wenige Kapitäne haben kleine Schiffe auch hier hindurchgefahren.

Wir stiegen in unsere beiden Schlauchboote um, das eine lenkte ich, das andere Kapitän Maarten. Wir glitten in die Wurmwege hinein, stachen in den Nebel, umrundeten die kleinen Inselchen, zwischen denen es flach und flacher wurde. Die Strömung war schwach, wir hatten diese Zeit gewählt, bei dieser Sicht, Eisschollen sah man spät, wir wollten keine Strömungs-, sondern eine Nebelfahrt. So erkundeten wir all die kleinen Durchlässe, sahen nun doch noch Dreizehenmöwen, die die schwarzen Felsen mit ihrem weißen Kot kunstvoll bemalten und uns erstaunt beäugten; Besuch bekamen sie sicherlich nicht so oft. Zwischen ihnen saßen viele Jungtiere, die schon fliegen konnten, auch für sie waren wir eine Neuigkeit. Wir fuhren an der Ostseite der Inseln entlang, wo es hinausging aufs Meer, was man am anderen Schaukeln und Ziehen und Verhalten des Zodiacs spürte, bogen wieder hinein in das Gewirr und fanden uns in einer Bucht wieder, die immer flacher wurde. Hier hielten wir an, schaukelten hin und her. Eine Eismöwe umflatterte uns, senkte sich immer weiter auf uns hinab, ein ungewöhnliches Verhalten, doch heißen die Eismöwen auf Niederländisch auch »Groote Burgemeester«, die großen Bürgermeister. Es ist ein sehr treffender Name, wie die Niederländer so vieles so sprechend benennen, denn die Eismöwen sitzen tatsächlich sehr gerne oberhalb anderer Vogelkolonien oder auf exponierten Felsen, und dort thronend überblicken sie dann alles auf eine Weise, die sie wirken lässt wie, ja, ein großer Bürgermeister eben. Dieser spezielle Bürgermeister nun hatte sich den höchsten Punkt in dieser Bucht als Landeplatz ausgesucht, und das war Maarten. Er ragte am Ruder seines Boots stehend zwei Meter in den Himmel hinein. Vielleicht hatte diese Eismöwe eine Sehschwäche, vielleicht war sie anlehnungsbedürftig, wir wissen es nicht, aber sie landete einfach auf Maartens Schulter und blieb dort sitzen, als sei das Ganze auch kein Irrtum, sondern gerade so beabsichtigt. Nach all unseren Besuchen an dichtestbesiedelten Vogelkolonien war noch niemals eins der Tiere auf uns gelandet, und nun passierte dies hier, im beinahe von allen verlassenen Ormholet. Man beachte dabei, die Eismöwe ist ein relativ großer Vogel, fast siebzig Zentimeter ist ihr Körper lang, die Flügel haben eine Spannweite von anderthalb Metern und mit ihrem scharfen Schnabel können sie gut die Küken anderer Vögel oder sogar junge Füchse zerreißen. Dieses Tier also saß nun auf Maartens Schulter, der nur mäßig besorgt wirkte. Allerdings konnte er nicht unendlich lange so gebückt stehen bleiben; als er sich aufrichtete, rutschte der Vogel ab und flatterte meckernd davon.

Bei dieser Tierbegegnung sollte es an diesem Tag bleiben, einen Bären fanden wir nicht. Wir fuhren ein letztes Mal nach Süden durch das Ormholet und sahen dort nichts mehr als Weiß. Wir riefen das Schiff an und baten um ein Horn, das uns den Weg weisen sollte. Wir hatten natürlich GPS-Geräte dabei, doch wollten wir sehen, ob wir dem Ton gut folgen konnten, eine der Notmaßnahmen, sollte einmal ein GPS im Nebel ausfallen. Es ist ja immer gut, wenn man solche Dinge auch einmal übt. Und es ist in der Tat erstaunlich, wie genau die Richtung zu erkennen ist, aus der ein Ton im Nebel kommt. Er rollte auf uns zu, und wir fuhren ihm nach, ließen uns von den Strudeln nicht ablenken und jagten über die nun wieder weite Meeresfläche dem Schiff entgegen. Der Nebel war so dicht geworden, dass wir fuhren, ohne einen Horizont zu sehen, beinahe schwindelig wurde einem in dieser schattenlosen Dunstwelt, wieder ein ganz neues Erlebnis. Umrisse wurden endlich erkennbar, wir hatten sie fast exakt getroffen, unsere Zuflucht *Cape Race*. Aus dem Nebel stiegen wir an Bord, und nun ging es weiter, nach Norden.

Der große Wandel

Man kann über Spitzbergen nicht mehr schreiben, ohne auch den großen, den sehr großen Wandel zu thematisieren, den man auf diesen Inseln so gut wie kaum irgendwo sonst beobachten kann. Weil es so schnell geht. Und immer schneller. Ich spreche natürlich vom Klimawandel, von der Erderwärmung, von der schrittweisen Veränderung der Lebensbedingungen auf unserem Planeten. Das Eis auf Spitzbergen schmilzt so schnell dahin, weil sich die Erde dort aufgrund der polaren Verstärkung – ein Zusammenspiel vieler klimatischer Faktoren – schneller erwärmt als in gemäßigten Breiten. Das macht die Arktis so interessant, denn während die Welt immer noch von einer Begrenzung der Erwärmung um 1,5 Grad spricht, kann man auf Spitzbergen sehen, was bei einer Erwärmung um sechs Grad passiert. So viel ist es dort jetzt schon wärmer als noch vor nur dreißig Jahren. Dieser Prozess hat in den jüngsten Jahren noch einmal deutlich an Fahrt aufgenommen, das beobachteten Menschen wie ich, die jedes Jahr nach Spitzbergen kommen, erst mit einem vagen Gefühl oder Verdacht, der dann aber bald von Daten und Grafiken der Polarforschenden bestätigt wurde: Es geht jetzt immer schneller.

Wir waren daran gewöhnt, dass die Gletscher zurückwichen. Wenn wir mit dem Schiff an Gletscher heranfahren, bleiben wir meist etwa 500 Meter entfernt. Wir zeichnen die Routen auf, die wir in diesen meist unkartierten Gebieten fahren. Wenn wir im nächsten Jahr wiederkommen und wieder 500 Meter Abstand halten, verlaufen die Routen aber ganz woanders. So erstellten wir über die Jahre unsere eigenen Aufzeichnungen des Gletscherrückzugs. Wir sahen es mit Sorge, ich rechnete den Gästen dann manchmal das Volumen des fehlenden Eiswürfels vor. Dann verdrängte ich es. Sammelte Plastik und gab mir selbst damit das Gefühl, ja etwas zu tun. Mein persönlicher Wendepunkt – und wahrscheinlich der von vielen Spitzbergenreisenden – kam 2015. In dem Jahr stellte sich bei mir ein unauslöschliches, dumpfes, banges Gefühl ein, ein Gefühl, dass nun etwas am Entgleiten war, dass etwas außer Kontrolle geraten war, dass nun etwas geschah, das viel, viel größer war als wir.

Was ist da geschehen, 2015?

2015 markierte zunächst das Jahr, in dem sich der Monaco- vom Seligerbreen trennte, die beiden Gletscher, die am Ende des Liefdefjords im Nordwesten Spitzbergens zwei verschiedene Täler hinabflossen und sich bis dahin zu einer gewaltigen Front vereinigt hatten. Dieser Ort war für mich von Anfang an magisch in seiner absoluten, so perfekt, so unwirklich scheinenden Schönheit, er ließ mich die Natur innerlich lobpreisen für ihre kraftvolle Ästhetik. Als wir 2015 in den Liefdefjord hineinfuhren, entdeckten wir, dass es dieses für mich so prägende Spitzbergenbild nicht mehr gab: Die beiden Gletscher hatten sich nun so stark zurückgezogen, dass sie keine zusammenhängende Front mehr bildeten. Der Monacobreen war getrennt vom Seligerbreen, dazwischen ragte nun der braune Berg hervor.

Nun muss man dazusagen, dass genau das schon sehr oft, schon unzählige Male passiert ist auf Spitzbergen. Wir kennen die alten Gletscherlinien, wir sehen die heutigen Gletscher, wir wissen, dass es vor hundert Jahren vollkommen anders ausgesehen hat. Es ist jedoch etwas anderes, das merkte ich an diesem Tag, wenn es vor den eigenen Augen passiert. Wenn man selbst Zeugin wird, wie ein Zustand aufhört und ein neuer beginnt. Und der alte Zustand auch in Zehntausenden Jahren nicht mehr herzustellen ist. Dieser Anblick saß in mir wie ein Stachel.

In jenem Sommer verbrachte ich zwischen zwei Schiffsreisen eine Woche in einer Wohnung in Longyearbyen. Die Temperaturen kletterten auf mehr als 20 Grad, das war 2015 noch etwas Besonderes, heute nicht mehr. In der Wohnung wurde es so warm, dass man es nur mit offenen Fenstern aushielt, und vor den Cafés saßen die Menschen in T-Shirts und Sommerkleidern, 1300 Kilometer vom Nordpol entfernt. In den Gläsern klirrten Eiswürfel.

Im auf diesen warmen Sommer folgenden Winter passierte in Longyearbyen etwas Schreckliches. Wer zum ersten Mal in diesen Ort kommt, wundert sich, wie man ein Dorf in ein so enges Tal zwischen zwei Tafelberge mit sehr steilen Hängen bauen kann. Fachkundige denken hier sofort an Lawinen. Lawinen aber kannte man auf Spitzbergen nicht, weil die Inseln in der Niederschlagszone liegen, die man auch polare Wüste nennt. In diesen hohen Breiten ist es so kalt, dass die Luft sehr trocken ist. Deswegen gibt es wenig Niederschläge, also wenig Schnee, und dadurch auch keine Lawinen. Bis 2015.

In diesem Jahr brach in der Nacht vom 18. auf den 19. Dezember ein Sturm über die Inseln herein, der sehr viel Schnee mitbrachte, und der Wind baute an den Klippen der Tafelberge gewaltige Wechten daraus, eine der größten davon am Sukkertoppen, an dessen Fuß der Ort steht. Am Morgen des 19. Dezember, dem Samstag vor Weihnachten, brach sie ab. Ein Schneebrett rutschte in der zappendusteren Polarnacht auf die bunten Häuser zu. 200 Meter lang war seine Abbruchkante, bis zu drei Meter hoch. 5000 Tonnen Schnee. Der Schnee traf auf elf Häuser. Er riss sie mit sich; in einem gewaltigen Rauschen schob er die Gebäude zwischen dreißig und achtzig Meter weiter nach unten, und mit ihnen die Schneemobile und Schlitten und Autos und Skier, die zwischen ihnen gelagert waren. Als die Gebäude zum Stillstand kamen, floss die Lawine immer noch weiter und füllte Zimmer um Zimmer mit Schnee. Als das Schneebrett abgerissen war, hatten sich fünfundzwanzig Menschen in den elf Gebäuden aufgehalten, die ihm im Weg standen. Zehn wurden verschüttet. Zwei wachten nie wieder auf, ein zweiundvierzig Jahre alter Mann und ein kleines Mädchen.

Dabei blieb es nicht. Nach dieser Lawine kam zum Jahreswechsel ein großer Regen. Die Temperaturen stiegen zu einer Zeit, in der sie sonst häufig bei 25 Grad unter null liegen, auf ganze neun Grad plus. In nur zwei Tagen fiel ein Viertel der jährlichen Regenmenge, sie riss Dächer weg, und der ganze Schnee verschwand. Zweimal Verheerung, innerhalb weniger Tage.

Im folgenden Herbst regnete es viel, es wurde nicht richtig kalt. Kälte hat den Vorteil, dass dann der Boden fest ist, dass es keinen Matsch gibt, dass Küsten stabil bleiben, besonders, wenn auch noch Meereis vor ihnen liegt, das die Ufer vor den schweren Winterstürmen schützt. Meereis liegt nun im Isfjord schon lange nicht mehr flächendeckend, dieser Schutz ist dahin. Der Regen im Herbst 2016 weichte den Boden auf, und Anfang November regnete es nochmals tagelang. Bis in einer Nacht gleich mehrere Meter Küste einfach fortgerissen wurden, direkt vor der Terrasse einer deutschen Familie, die in Longyearbyen lebt. Die Familie musste ihr Haus noch in der Nacht verlassen und konnte nicht mehr zurückkehren, das Haus – das wie alle Häuser hier wegen des Permafrostbodens auf Stelzen steht – wurde ab- und 70 Meter weiter landeinwärts neu aufgebaut. Auf dem Stück Land, das dort nun fehlt, hatten wir im Sommer noch gegrillt, den Grillplatz gibt es jetzt nicht mehr.

All diese Vorkommnisse haben Longyearbyen ins Mark getroffen. Die Arktis wird von vielen Menschen zwar als lebensfeindliche Region betrachtet, und in der Tat muss man einiges beachten, wenn man sich weit in sie hineintraut. Doch die Arktis war auf ihre Weise auch sehr verlässlich. Im Herbst sanken die Temperaturen, blieben über den Winter unten, im Frühjahr stiegen sie wieder. Die Tiere haben sich extrem gut an diese Bedingungen angepasst, Eisbär und Rentier beispielsweise brauchen diese Kälte schlicht zum Überleben. Man konnte beinahe die Uhr danach stellen, wann die Vögel, die Gänse, die Wale wiederkamen, alles war aufeinander abgestimmt. Doch dieser Takt ist nun gestört. Denn auf einmal machen die Temperaturen eine Wellenbewegung, mitten im Winter wird es warm, mitten im Winter regnet es. Das hat verheerende Folgen für Mensch, Tier, Gletscher, für das gesamte Ökosystem.

Wenn es im Winter regnet, leiden die Rentiere. Denn der Regen legt sich wie Zuckerguss auf die Inseln und wird zu einem Eispanzer, der Monate bestehen bleiben kann. Die Hufe der Rentiere schaffen es nicht mehr durch das Eis, um sich ihr Futter freizuscharren, und selbst wenn sie eigentlich Überlebenskünstler sind, reicht es dann oft nicht mehr. Sie verhungern. Das wiederum führt zu einem Aufblühen der Fuchspopulation, die sich an den ganzen Rentieren satt fressen kann, worunter wieder die Gänse leiden, die zur Fuchsbeute werden. Wie sehr alles miteinander zusammenhängt, lässt sich in der Arktis, mit ihrem übersichtlichen Nahrungsnetz, hervorragend beobachten. Und auch, was geschieht, wenn man nur ein Element verändert.

Wenn es im Winter hier nun auf einmal viel regnet, werden die Gletscher »geschmiert«, sie fließen weiter die Hänge herab und kalben ins Meer – verlieren also weiterhin an Masse – und kommen nicht wie sonst in der kalten Jahreszeit beinahe zum Stillstand. In der Periode, in der einst die Gletschernahrung – der Schnee, der den letzten Sommer überdauert hatte – langsam zu Eis gepresst wurde, fallen nun mitunter binnen weniger Stunden Regenmengen auf das Eis herab, die ein Viertel der Menge ausmachen, die sonst im ganzen Jahr fiel. Es regnet so viel, dass manchmal die Spalten und Kanäle der Gletscher bis oben hin mit Wasser angefüllt werden, erklärte mir einmal der Gletscherforscher Andreas Alexander. Gleichzeitig fällt durch die wärmere und feuchtere Luft nun manchmal zwar viel mehr Schnee als früher, was erst einmal gut wäre, da der Schnee ja neue Nahrung für die Gletscher böte. Doch der Schnee überdauert die immer wärmeren Sommer nicht mehr, und so gerät noch mehr Wasser in die Gletscher, noch mehr Schmiermittel.

Für den Menschen bedeutet all das: Die Sicherheit ist dahin. Die Arktis tut nicht mehr, was die Arktis immer tat, man kann sich auf vieles nicht mehr verlassen. Auf eine Weise ist die Unschuld dahin, mit der man in diesen Breiten leben konnte. Der Pakt, dass die Arktis auf ihre Weise berechenbar bleibt und der Mensch dadurch in ihr bestehen kann, ist gebrochen.

2015 also begann sich dieses ganz ungute Gefühl in mir auszubreiten, dass dieser Ort, an dem bisher alles so berechenbar gewesen war, sowohl von Land als auch von See angegriffen wurde und sich gleichzeitig als sehr leicht verwundbar erwies. Und ich konnte nun endgültig nicht mehr wegsehen.

Dieses subjektive Gefühl wird bestätigt von ganz objektiven Grafiken der Gletscherrückzüge, bunte Linien auf Satellitenbildern zeigen, wo die Gletscherkanten Mitte des 19. Jahrhunderts waren und wo sie heute sind. Sie zeigen aber auch viele Stationen dazwischen, und das ist das Interessante: Denn an den Linien zwischen heute und damals sieht man sehr gut, dass der Rückzug einst wenige Meter pro Jahr betrug und nun manchmal 500 oder mehr – von der Höhe, und damit dem Gesamtvolumen, ganz zu schweigen. Wenn man sich diese Beschleunigung der Ereignisse anschaut, erschrickt man. Das sind riesige Veränderungen, die da in unserem Raumschiff Erde passieren. In so kurzer Zeit.

Doch jenseits des Erschreckens ist es eben kein Gefühl, sondern ein Fakt: Diese Beschleunigung ist jetzt da. Es passieren jetzt Dinge, von denen wir dachten, unsere Enkelkinder würden sie erleben; unsere Urenkelkinder vielleicht. Eins davon erst zuletzt, im Juli 2023, als die Durchschnittstemperatur im Juli in Longyearbyen erstmals oberhalb der 10-Grad-Marke lag. Oberhalb der 10-Grad-Juli-Isotherme, die, wie wir nun wissen, ein wichtiges Kennzeichen ist, die Arktis zu definieren: Die gängigste Definition der Arktis beschreibt jenes Gebiet, in dem im Juli die Durchschnittstemperaturen unter zehn Grad bleiben. Und das blieben sie nun, 1300 Kilometer vom Nordpol entfernt, erstmals nicht mehr. Gehört Longyearbyen damit nicht mehr zur Arktis? Das ist doch gar nicht vorstellbar.

Es brechen aber nun Gletscher zusammen, von denen man sich das nicht vorstellen konnte, Häuser und Straßen werden instabil, weil der Permafrost taut. Grönland hat angekündigt, seinen Flughafen in Kangerlussuaq 2024 nicht zu öffnen, weil die Landebahn durch den tauenden Boden so weit abgesunken und beschädigt ist, dass sie großflächig erneuert werden muss. Gletscherseen ergießen sich in katastrophalen Ereignissen in die Fjorde, was auf Spitzbergen niemanden stört, doch in der Schweiz, in Italien oder anderen besiedelten Bergregionen wird das eine durchaus verheerende Wirkung haben. Und die hat es ja auch schon.

Dass das Meereis der Arktis immer weiter schmilzt, ist vielen Menschen bekannt. Die wenigsten aber wissen, welch große Bedeutung das Meereis für den Arktischen Ozean und seine Lebewesen hat und welch wichtige Funktion in Bezug auf unser Klima das Meereis innehat. Das Schwinden des Meereises ist einer jener Faktoren, der zu der schon erwähnten polaren Verstärkung führt. Eis und Schnee sind die besten Reflektoren von Sonnenenergie, wodurch die weißen Eisflächen unserer Erde zu unserer natürlichen Klimaanlage werden: Sie strahlen fast die gesamte auf sie fallende Energie in die Atmosphäre zurück, erwärmen sich also nicht wie dunklere Land- oder Meeresflächen, die die Energie großenteils absorbieren. Dadurch wirken die Eisflächen einer Erwärmung unserer Erde entgegen.

Mit der Schmelze des helleren Meereises werden jedoch die dunkleren Ozeanflächen größer, die Wärme absorbieren. So ist ein Teufelskreis entstanden, denn je mehr dunkle Fläche es gibt, umso mehr Wärme wird absorbiert – und umso mehr dunkle Flächen entstehen in der Folge. Das schwindende Meereis kann seinen Beitrag zum Erhalt des momentanen Klimas also immer weniger leisten.

Im Zusammenhang mit dem Klima ist der Eisbär zu einem wichtigen Symbol geworden, weil er, wie die meisten Menschen wissen, zu einem großen Teil auf dem Meereis lebt. Aber Meereis bildet bei Weitem nicht nur tolle Schollen für Eisbären, Meereis ist ein eigener Lebensraum – die Existenz einer ganzen Reihe von Tieren und Pflanzen ist direkt oder indirekt davon abhängig, dass für eine bestimmte Zeit im Jahr Eis oben auf dem Wasser schwimmt. In der gesamten Wassersäule und sogar am Meeresboden sind Prozesse stark an das, was im Eis passiert, gekoppelt. Im Meereis bilden sich, sobald die Sonne wiederkommt und durch das Eis dringt, Eisalgen, die die Grundlage vielen Lebens im Arktischen Ozean sind. Daran knabbern allerlei Tiere, der junge Polardorsch beispielsweise schlängelt sich gerne durch das schützende Meereis. Die Fische, Vögel, Robben, ab und an auch Polarfüchse – alles Getier, das auf dem Meereis unterwegs ist, produziert darauf auch Kot, der auf den Meeresboden sinkt, wo dieser Eintrag dann wiederum seine Wirkung entfaltet. Das organische Material, das zum Beispiel Robben rund um Spitzbergen in sich haben, hat seinen Ursprung in der Regel zu etwa fünfzig Prozent im Meereis.

Auch diese Vorgänge liefen saisonal immer gleich ab, alles war fein aufeinander abgestimmt: Die Algen blühten, sobald das Licht wiederkam und durch das Eis dringen konnte, dann kamen die Copepoden, kleine Ruderfußkrebse, die daran fraßen und wiederum andere Tiere ernährten und neuen Eintrag für die Wassersäule und den Boden lieferten. Doch auch diese einst so verlässlichen Abläufe sind nun aus dem Takt geraten.

Weil das Eis nun dünner ist, dringt das Licht früher hindurch und die Algen blühen früher. Ein Teil der Copepoden aber hält eine Art Winterschlaf, zum Teil in mehr als 1000 Metern Tiefe. Wenn diese Tierchen im Frühling aufwachen, kommen sie nach oben, legen Eier, und die Jungen schlüpfen. Die Algen, die der Nachwuchs aber dringend als Nahrung bräuchte, sind dann bereits verblüht – der Tisch ist dann nicht mehr gedeckt. In der Biologie nennt man das ein *mismatch* – die Abläufe passen nicht mehr zusammen. Und wo es gar kein Meereis mehr gibt, gibt es gar keine Eisalgen mehr.

Der Arktische Ozean verliert damit immer mehr seiner Charakteristika und wird dem Atlantik ähnlicher, ein Vorgang, für den es mittlerweile auch einen Namen gibt: die Atlantifizierung. Dieser Vorgang wird aber vor allem noch durch einige andere Faktoren verursacht. Die Schichtung der Wassermassen des Arktischen Ozeans gerät immer mehr durcheinander. Bisher war das Wasser sehr gut, sehr stabil geschichtet. Die Süßwassermassen, die aus den großen Flüssen Kanadas und Sibiriens einströmten, sind leicht und blieben bisher an der Oberfläche, während das über den Westspitzbergenstrom einfließende Wasser aus dem Atlantik wärmer, salziger und deswegen schwerer war – also unter das kalte Wasser sank. Mit dem immer kleiner werdenden Meereisdeckel passiert aber nun Folgendes: Der eisfreie Arktische Ozean wärmt sich immer mehr auf, und das Meer ist weniger geschützt vor den Winterstürmen. Dadurch wird das Wasser immer mehr durchmischt, und nun taucht das warme atlantische Wasser plötzlich an Stellen auf, an denen man es nie beobachtet hat. Das hat enorme Auswirkungen auf die Tierwelt, und auch hier lohnt sich wieder ein Blick auf die ganz kleinen Lebewesen. Im kalten arktischen Meer fühlte sich bisher beispielsweise der kleine, fette Ruderfußkrebs *Calanus glacialis* pudelwohl, der wiederum dem Polardorsch gut schmeckte und so weiter. Weil das Wasser nun immer wärmer wird, taucht aber jetzt immer öfter auch der schlanke *Calanus finmarchicus* weit im Norden auf. Welche Wirkung wird es haben, sollte der gehaltvolle bald nicht mehr der vorherrschende Ruderfußkrebs sein? Reicht die Kombination mit dem nährstoffarmen Krebschen dann noch aus für all die Tiere im Arktischen Ozean, die von ihm auch weiter oben in der Nahrungskette abhängen, die Dorsche, die Vögel, die Robben, die Wale, die Eisbären? Das sind Fragen, die noch nicht geklärt sind.

Das wärmere Atlantikwasser wirkt auf Spitzbergen auch noch in anderer Weise – es verändert nicht nur das Meereis und seine Lebewesen, sondern auch die Gletscher und damit das Ökosystem der Fjorde. Bisher floss das wärmere Wasser im Westen Spitzbergens tief unter den Fjordeingängen vorbei. Das Wasser ist an diesen Stellen häufig relativ flach, weil sich dort meistens Endmoränen der Gletscher verbergen, die den Fjord ja erst in dieser Form geschaffen haben. Diese Moränen wirkten wie Wälle gegen weiter in der Tiefe einströmendes Wasser, und so gelangte nur das kalte Oberflächenwasser in die Fjorde. Wenn die Wassermassen aber nun nicht mehr so stabil geschichtet sind, fließt auch warmes Wasser weiter oben und kann so über die Moränenwälle hinweg bis tief in die Fjorde vordringen, wo es auf die Gletscherwände trifft und einen der Faktoren bildet, der die Gletscherschmelze – neben dem winterlichen Regen und der gewachsenen Schmelzwassermenge – zuletzt so beschleunigte: Die Gletscher bekommen oben keine Nahrung mehr, und von unten werden sie zusätzlich erwärmt. Sie kalben gewaltige Eismassen ab, bis sie schließlich an immer mehr Orten gar nicht mehr im Wasser, sondern bereits an Land enden.

Dieser Vorgang hat wiederum Auswirkungen auf den Fjord, denn für Fjorde ist es ganz und gar nicht egal, ob ein Gletscher im Wasser oder an Land endet: Sowohl das eine wie auch das andere verändert die Schichtung der Wassermassen in den Fjorden. Von Gletschern, die im Wasser enden, fließt aus verschiedenen Höhen der Gletscherfront Schmelzwasser in den Fjord: von oben, aus der Mitte, von unten. Vor allem das unter dem Gletscher einfließende Schmelzwasser bringt Sedimente von Land mit, es wirbelt den Meeresboden vor dem Gletscher auf und ist außerdem leichter als Salzwasser – es hat also die Tendenz, vor der Gletscherwand nach oben zu fließen. Damit werden Nährstoffe vom Boden bis an die Meeresoberfläche gewirbelt, wo sie zusammen mit dem Sonnenlicht zum Algenwachstum beitragen, das wiederum die bereits erwähnten Tierchen ernähren kann. Das Meer vor Gletschern ist durch diesen simplen Vorgang außergewöhnlich produktiv – das ist der Grund, warum man vor Gletschern häufig wunderbare Tierbeobachtungen machen kann.

Wenn ein Gletscher an Land endet, fällt diese Aufwirbelung von Nährstoffen weg, denn das Schmelzwasser fließt ja wie ein Süßwasserfluss in den Fjord ein und legt sich dann, weil es leichter ist, wie ein Deckel oben auf das salzige Meerwasser. Da bleibt es, und das Wasser im Fjord bleibt damit sehr stabil geschichtet. Die besondere Produktivität vor den Gletscherkanten ist damit nicht mehr gegeben.

All das sind viele einzelne Beispiele dafür, wie in unseren Ökosystemen alles miteinander zusammenhängt und welche Auswirkungen es haben kann, wenn man auch nur einen, zunächst ganz unwichtig scheinenden Faktor verändert. Das bringt mich zu einer letzten, aber ganz und gar nicht unwichtigen Entwicklung in unseren Ozeanen, die nicht für

Spitzbergen spezifisch ist, sondern die gesamten Weltmeere betrifft. Wieder möchte ich den Blick dabei auf die ganz, ganz kleinen Dinge lenken, in diesem Fall auf kleine Kalkalgen, beispielsweise die *Emiliania huxleyi*, oder, wie sie umgangssprachlich heißt: Ehux. Die kleine Ehux entzieht dem Meerwasser beim Bau ihrer Kalkschalen eine Menge Kohlenstoff. Wenn sie stirbt, nimmt sie diesen ganzen Kohlenstoff mit in die Tiefe – und damit ist dieser Kohlenstoff für mehrere Tausend Jahre raus aus dem Kohlenstoffkreislauf. Prima Sache also.

Ehux und viele andere kleine Tierchen mit Skeletten oder kalkhaltigen Schalen haben aber nun zunehmend ein Problem. Die Meere sind die Lungen unserer Erde: Jährlich werden mehr als 25 Prozent des Kohlendioxids, das wir ausstoßen, von den Ozeanen aufgenommen. Rund die Hälfte alles jemals vom Menschen freigesetzten Kohlendioxids ist in den Ozeanen gespeichert – wäre sie das nicht, hätten wir bereits jetzt ein viel, viel größeres Problem mit dem Klima der Erde. Was macht nun dieses ganze Kohlendioxid in den Meeren? Das Gas löst sich in Wasser und wird dort zu Kohlensäure. Das Resultat: Der pH-Wert des Wassers sinkt.

Mit dem pH-Wert wird bei einer Flüssigkeit ausgedrückt, ob sie neutral, basisch oder sauer ist. Meerwasser ist typischerweise leicht basisch, und das finden die ganzen kleinen kalkhaltigen Lebewesen prima. Bis zum Jahr 2100, so prognostizieren Forschende, wird das Meerwasser wegen des bis dahin immer weiter absorbierten Kohlendioxids aber um 100 bis 150 Prozent saurer werden – deswegen spricht man von Ozeanversauerung.

Die Kalktierchen haben damit gleich zwei Probleme: Einmal brauchen sie in einer saureren Umgebung viel mehr Energie, um ihren Kalk überhaupt noch zu bilden. Und wenn sie zu sauer wird, lösen sich die Kalkschalen sogar einfach auf. Nun sind das alles sehr kleine Tierchen, aber insgesamt geht es hier um eine ganz enorme Biomasse, die nicht nur in der Nahrungskette, sondern auch für den Kohlenstoffgehalt unserer Atmosphäre eine riesige Funktion innehat.

Das ist das Faszinierende an unserer Welt: dass ein so kleines Tierchen beeinflusst, wie sich unsere Atmosphäre zusammensetzt – ist das nicht geradezu magisch?

Gerade deswegen aber ist es fatal, dass der Mensch den kleinen Dingen so wenig Aufmerksamkeit schenkt.

Im Sommer 2023 habe ich gesehen, wie viel Masse der Kongsbreen im Kongsfjord in nur einem Jahr verloren hat. Wir wollten an diesem Gletscher entlangfahren, ich ging kurz unter Deck. Als ich wieder nach oben kam, war ich verwirrt und erkannte nicht gleich, wo wir waren. Wir waren vor dem Kongsbreen, aber es fehlte ein so immenses Stück, dass ich vollkommen erstarrte. Ich stand da und versuchte zu erfassen, was ich da sah, und es gelang mir, auch mit all der Übung in diesen Dingen, nicht. Unsere Gäste wussten nicht, was ich sah, sie sahen Eis, und es ist ja noch immer viel und noch immer wunderschön. Ich aber musste nach drinnen gehen, denn ich konnte mich nicht freuen, ich konnte mich nicht begeistern für diese Schönheit, ich konnte nur dieses Entsetzen fühlen, die große Trauer und mittlerweile auch eine gesunde Wut darüber, dass wir es noch immer nicht schaffen, das alles aufzuhalten, obwohl es möglich wäre.

Denn ja, das Klima hat sich schon immer geändert, und es war früher auch schon warm. Ein wichtiger Punkt ist allerdings, dass es, als es wärmer war als heute, als Spitzbergen und alles heute Vergletscherte eisfrei war, keine Menschen gab. Der Mensch ist an ein relativ kühles Klima gewöhnt, seine Komfortzone ist beängstigend klein, und er hat überdies auch ziemlich viele Häuser und Dörfer und Städte dorthin gebaut, wo damals, als es richtig warm war, entweder Wasser oder leere Wüste war. Das juckte die Triceratopse vor 66 Millionen Jahren nicht die Bohne. Aber den Menschen muss es leider schon interessieren, dass wir im Begriff sind, immer größere Landstriche unseres Planeten unbewohnbar zu machen – ohne eine Idee zu haben, wo die bisher dort lebenden Menschen dann wohnen und was überhaupt alle Menschen dann noch essen sollen. Es passiert jedoch noch immer erschreckend wenig, obwohl wir gerade, ja, nichts Geringeres als die Bewohnbarkeit unseres Planeten verändern. Noch immer ist es erstaunlicherweise nicht allgemein akzeptiert, dass es doch unser alleroberstes Ziel sein muss, die Erde in einem Zustand zu erhalten, der es dem Menschen erlaubt, auf ihr weiterzuleben. Sogar, dass mittlerweile schon unsere nächsten Generationen, unsere Kinder und Enkelkinder – und vielleicht sogar wir selbst –, nicht mehr so werden leben können wie bisher, führt noch nicht zu adäquaten Veränderungen. Aber es ist wohl gerade die Größe des Problems der Grund dafür, dass das alles so schwer zu begreifen und zu akzeptieren ist. Dieses Klimading weckt jede Menge unangenehme Gefühle und greift lieb gewonnene Verhaltensweisen an – das schiebt man gerne weg, solange es geht.

Doch will ich nicht nur mit der Bewohnbarkeit argumentieren, mit dieser anthropozentrischen Sichtweise auf unsere Erde, die uns zu Diensten sein soll, die weiterhin liefern soll für uns, die uns untertan sein soll, die wir beherrschen wollen. Wir können die Welt nicht beherrschen, wir sind ein Teil der gesamten Natur und stehen nicht darüber, dieser Umstand ist vielen Menschen nicht klar. In dieser Natur sollten alle die gleichen Rechte haben. Unsere Welt, unsere Arten, die Tiere, Pflanzen, alle Lebewesen sind ein Schatz. Sie sind allein für sich wertvoll, ganz ohne ihren Nutzen für den Menschen oder ihre Aufgabe in einem Ökosystem. Wir Menschen aber behandeln dieses wertvolle Gut denkbar schlecht, wir wertschätzen unsere Welt nicht, wir sprechen uns selbst viele, den anderen Arten aber keine Rechte zu. Mit den Jahren macht mich diese menschliche Haltung immer wütender, denn mit welchem Recht zerstören wir diesen Schatz, der uns in gewisser Weise anvertraut ist, so grundlegend, so weitreichend? Die Antwort ist einfach: Dieses Recht haben wir nicht. Wir tun es nur, weil wir es können, doch sollte uns weder unser Tun noch unser Können mit Stolz erfüllen.

Auf lange Sicht – und diese Zeitspanne wird rasend schnell kürzer – kann keine Spezies erfolgreich sein, die sich so hoch über alle anderen stellt. Wenn der Mensch überleben will auf diesem Planeten, muss er kooperieren. Das haben mich die Einheimischen der ostgrönländischen Dörfer gelehrt: Wer in diesen Gegenden bestehen will, muss mit seinen Mitmenschen, seiner Umgebung zusammenarbeiten. Was aber ist die Erde anderes als ein solches kleines, isoliertes Dorf im weiten Universum? So wie die Menschen aus den ostgrönländischen Dörfern nur schwer fortkommen, kann auch der Mensch nicht beliebig auf einen neuen, für ihn passenden Planeten umziehen. Er muss dafür sorgen, dass dieses Dorf überleben kann. Und deswegen muss sich der Mensch den Gegebenheiten unterordnen und nicht andersrum. So, wie sich ein Segler dem Wind unterordnen muss. Gegen den Sturm wird man immer verlieren.

Spitzbergen hat sich also in der kurzen Zeit, in der ich zwischen diesen Inseln unterwegs bin, umfassend verändert, und es geht immer noch weiter. Das Spitzbergen, das ich vor siebzehn Jahren zum ersten Mal sah, gibt es in dieser Form gar nicht mehr, und jedes Jahr ist aufs Neue etwas nicht mehr da.

Das Gute aber ist: Dieser Wandel ist vom Menschen gemacht. Diese Beschleunigung wird durch das Verhalten der Menschen verursacht, durch unseren Ausstoß an Kohlendioxid. Warum das eine gute Nachricht ist? Weil wir somit auch etwas tun können. Wäre dieser enorme Wandel ein natürlicher, so könnten wir wohl wenig dagegen ausrichten – deswegen bestreiten Gegnerinnen und Gegner von Klimaschutzmaßnahmen ja auch so vehement den Beitrag des Menschen, denn wenn er keinen Beitrag hat, muss er auch nichts verändern. Doch er muss etwas verändern, und er kann es auch. Die Veränderung in unseren Gesellschaften ging in den vergangenen Jahrzehnten viel zu langsam, viel Zeit wurde verschwendet. Aber in der jüngsten Vergangenheit nun hat der Klimawandel, auch dank einer jungen, demonstrierenden Generation, viel mehr Aufmerksamkeit erfahren. Nun bewegt sich etwas. Es gibt immer mehr Menschen, die begreifen, was passiert, und auch tätig werden.

Mein Lebensmotto ist: Ich tue, was ich kann. Ich kann Bücher schreiben, Vorträge halten, erzählen, erklären. Ich gehe an Schulen und erzähle vom Plastik und vom Klima, ich halte landauf, landab Vorträge, ich nehme Menschen auf Schiffen mit, um ihnen direkt zu zeigen, was passiert. Weil ich daran glaube: Wenn Menschen einmal direkt sehen, was geschieht, kann das eine enorme Wirkung haben. Ich mache eigentlich nichts anderes mehr, beinahe mein ganzes Berufsleben ist dem Schutz und Erhalt unserer Erde gewidmet. Und das alles ist in mir auf Spitzbergen entstanden.

Ich versuche, so zu leben, dass ich unseren Planeten so wenig wie möglich schädige, doch die Umstände machen das immer noch sehr schwer. Deswegen möchte ich mich nicht mehr mit kleinen Dingen aufhalten, sondern über mein Leben hinaus wirken. Ich möchte andere Menschen motivieren, sich in ihrem Leben umzublicken – und ich bin sicher, ein jeder und eine jede kann darin etwas entdecken, eine Möglichkeit zur Aktion, die über uns selbst hinaus wirkt. Was hat mein Anruf beim Alfred-Wegener-Institut wegen unserer Plastiksammelei nicht alles in Gang gesetzt und bewirkt? Ich hatte das selbst nicht für möglich gehalten, und doch ist es so gekommen.

Ich weigere mich, zu glauben, dass die Menschen nicht fähig sind, dieser Krise angemessen zu begegnen. Es hat sich ja auch schon so viel verändert! Wie sah es früher im Ruhrgebiet aus, viele Schadstoffe, die einst erlaubt waren, werden heute nicht mehr eingesetzt, die Energiewende kam wegen politischer Fehlentscheidungen der Vergangenheit nur schleppend in Gang, aber nun nimmt sie endlich Fahrt auf. Es passiert so viel Gutes, und es gibt so viele Menschen, die daran mit Hochdruck arbeiten. Dorthin richte ich meinen Blick. Ich verschwende meine Energie nicht mehr mit tumben Menschen, die den Klimawandel leugnen, sondern schaue dorthin, wo wirklich gedacht wird, wo das Wissen sitzt, wo Neues entwickelt wird. Ich versuche, das alles zu vermitteln, weiterzugeben, zu motivieren. Das ist das, was ich kann. Und wenn wir alle täten, was wir können – dann könnten wir gemeinsam viel erreichen. Dann ist der Klimawandel das, was uns alle vereint, egal, was wir ansonsten glauben, was wir wollen im Leben, welche Sprachen wir sprechen. Hinter diesem einen Ziel, unser gemeinsames Raumschiff Erde bewohnbar zu halten, könnten wir uns alle vereinen. Ist das nicht ein wunderbarer Gedanke? Und jeder einzelne Mensch, der mitmacht, zählt.

Weil unsere Welt und unsere Kinder, weil die Kalkalgen und Eisbären es wert sind.

Die Vielfliegerin

Geh weg, geh weg, geh weg! Das warf mir das Vögelchen an den Kopf. Natürlich sprach es nicht in Worten, die ich verstehen konnte, sondern in Taten. Der kleine, zarte Vogel stürzte sich aus dem Himmel auf mich und zeterte laut und immer lauter, er flatterte nach oben und fiel wieder herab und war schlichtweg völlig außer sich, während ich tat, was nun zu tun war: Ich schritt, den Kopf eingezogen, den behandschuhten Finger langsam über mir kreisend, demütig rückwärts, in der Hoffnung, dabei schnell aus dem Bereich zu verschwinden, in dem das Tier Gefahr für seinen Nachwuchs wähnte.

Nicht einmal so viel wie eine Tafel Schokolade wiegt dieser Vogel. Und doch ist er zu einem Verhalten in der Lage, das Mensch wie Tier in die Flucht schlägt, und zu noch vielem anderen mehr. Die Rede ist von der Küstenseeschwalbe, einem jener Tiere, die mich so viel Respekt und Demut gelehrt haben, so viel Bewunderung dafür, was Tiere können – und Menschen nicht.

Die Küstenseeschwalbe ist ein bemerkenswertes, schlankes Wesen, nur gute 30 Zentimeter groß, ihre eleganten Flügel spannen sich bis zu 75 Zentimeter auf. Mit diesem kleinen Körper hält die Küstenseeschwalbe den Weltrekord im Langstreckenflug. Nicht etwa ein Adler oder Kondor. Warum aber fliegt sie so weit, und wohin? Das ist gerade das Besondere an ihr: Sie segelt von der Arktis in die Antarktis und von der Antarktis wieder in die Arktis. Jedes Jahr. Einmal um die ganze Welt. Die Küstenseeschwalbe müsste deswegen eigentlich das Wappentier aller »bipolaren« Menschen sein, derjenigen Menschen also, die sich am liebsten in der Arktis oder Antarktis aufhalten, denn sie schafft das, wovon diese Menschen träumen, ganz spielend.

Warum macht sie das? Darauf gibt es eine der Antworten, die auf beinahe alles im Tierreich angewendet werden können: wegen des Futters! Die Küstenseeschwalbe ist ein sogenannter Tagjäger; sie jagt am liebsten, wenn es hell ist. Die Dunkelheit mag sie so wenig, dass sie sich darauf spezialisiert hat, der Sonne hinterherzufliegen. Durch ihre Meilensammelei erlebt sie einen endlosen polaren Sommer, acht Monate pro Jahr verbringt sie im Polartag, also mit Sonne rund um die Uhr. Und kann nach Herzenslust jagen, fressen, füttern. Beneidenswert.

Wenn es um ihre Nester geht, die sie, wie alle Vögel der kargen Polargebiete, nicht im Schutz hoher Bäume bauen kann, versteht die Schwalbe aber wenig Spaß. Geht man zur Brut- und Aufzuchtzeit auf Spitzbergen an bestimmten Stellen an Land, kann man, wie eingangs beschrieben, sofort angegriffen werden. An einigen Orten, an denen besonders viele Küstenseeschwalben nisten, gibt es deswegen sogar ein Betretungsverbot. Das Gezeter ist wirkungsvoll: Übersehen kann man die Schwalbennester eigentlich nicht, denn schon weit entfernt warnen die Schwalben. Ähnlich dem Piepsen mancher Einparkhilfe wird das Warnen mit schwindender Distanz immer eindringlicher. Erst wenn tapsige Gäste überhaupt keine Vogelsprache verstehen wollen, kann dann auch ein spitzer Schnabel in einem Kopf landen. Das verhindert man am besten, wenn man sich dahin zurückzieht, woher man gekommen ist, oder in eine andere Richtung, in der das Gezeter abnimmt. Auf keinen Fall sollte man nach den zarten Vögeln schlagen, schon gar nicht mit einem Wanderstock. Damit bräche man den kleinen Wesen die Flügel und verurteilte sie zum Tode. Mit dem Rückzug sollte man sich vor allem in der Brutzeit beeilen, denn je länger man das Tier in der Luft beschäftigt, desto länger liegt das Ei schutzlos am Boden – und kühlt aus. Oder ein Fuchs erkennt die Notlage der Schwalbe und nutzt die Gunst der Stunde zum Eiklau. Beides nicht schön.

Wenn die Küstenseeschwalbe ungestört ist, ist sie ein wunderbares Objekt für Beobachtungen. Kunstvoll zieht sie ihre schnellen, engen Schleifen meist in Küstennähe über dem Wasser, steht sekundenlang schnell flatternd in der Luft – ein ganz wundervoller Anblick! –, bevor sie wie ein tonnenschwerer Pfeil aus dem Himmel ins Wasser stürzt. Wenn sie erfolgreich ist, taucht sie mit Fischen oder Krebstieren im Schnabel wieder auf, die mag sie am liebsten. Wenn nicht, versucht sie es erneut. Die Tänze der Küstenseeschwalben gehören zu einem meiner liebsten inneren Spitzbergenbilder. Weil so vieles daran faszinierend ist, nicht allein diese wunderbar zarte Ästhetik. Die Technik des Aus-dem-Himmel-Fallens, um Beute im Wasser zu treffen, beispielsweise, ist ein in seiner Komplexität nicht zu unterschätzender Vorgang: Denn die Schwalbe muss lernen, dass der Fisch oder Krebs durch die Lichtbrechung gar nicht dort ist, wo sie ihn sieht, und dass sie also versetzt ins Wasser stoßen muss. Man erinnere sich, wie man einst Sandförmchen aus dem Planschbecken fischen wollte. Hat nicht auf Anhieb geklappt! Genau diese Jagdtechnik aber ist der Schwalbe nicht angeboren, sie muss sie erst erlernen. Und das in dieser nicht besonders gastlichen Umgebung, in der ja häufig auch noch ein starker Wind weht. Die Schwalbeneltern geben deswegen nach der etwa sechswöchigen Brut- und Brutpflegezeit alles, damit ihr

Junges so schnell wie möglich selber jagen kann. Viele kleine Schwalben allerdings lernen zu langsam und werden nicht groß.

Diejenigen Schwalben, die die gefährliche erste Zeit überlebt haben, machen sich nach dem Gefutter im Norden auf in Richtung Südhalbkugel, um dort das reiche Nahrungsangebot des antarktischen Sommers zu nutzen. Dort wird nicht gebrütet, nur gefressen, einmal Nachwuchs im Jahr reicht der Schwalbe. Es gibt mehrere Hauptstrecken, auf denen die Schwalben in die Antarktis und wieder zurück in den Norden ziehen. 70 000 Kilometer legen die Vögel dabei meistens zurück; Rekordmessungen haben sogar 96 000 Kilometer bei einigen Exemplaren gezeigt. Und das alles ohne Bonusmeilen. An einem einzigen Tag können diese kleinen Wesen zwischen 300 und mehr als 500 Kilometer weit fliegen, sie fliegen und fliegen und fliegen und schlafen immer nur mit einer Hirnhälfte, während die andere wach bleibt und navigiert und steuert. Pausen braucht die Schwalbe dadurch so gut wie keine. Ist das nicht erstaunlich?

Haben mich Vögel am Anfang kaum interessiert, bewundere ich sie nun umso mehr. Was müssen wir alles tun für unsere Reisen, wir brauchen riesige Maschinerien und Infrastruktur, Technik und Treibstoff, Pässe und Proviant – die Schwalbe schwingt sich einfach in die Lüfte und segelt einmal um unseren Erdball, Jahr für Jahr.

Und sie ist nur eines von vielen spannenden Wesen. Da wäre noch die Elfenbeinmöwe, die einzige Möwe, die ganz und gar weiß ist und seltener als der Eisbär. Oder das Thorshühnchen, das nur auf Spitzbergen sein buntes Prachtkleid zeigt, während es in Mitteleuropa dezent braungrau ist. Oder die Schmarotzer-Raubmöwe, die andere Vögel – gerne auch die Küstenseeschwalbe – so lange jagt, bis der arme Gejagte vor Erschöpfung seine eigene Beute entweder fallen lässt oder, falls er sie schon geschluckt hat, wieder nach oben würgt, damit die Raubmöwe sie verspeisen kann. All diese Wesen sind mutig, weil sie sich jedes Jahr wieder auf die Reise nach Norden machen, ohne zu wissen, ob der Schnee schon geschmolzen ist und sie schon Nahrung finden können; sie treten ihre Reisen aus Schottland, Russland und Nordeuropa an und können dann nicht mehr zurück. Wenn sie angekommen sind im hohen Norden, warten Füchse und andere Gefahren auf sie, und nach dem Sommer müssen sie erneut Langstrecke übers Meer fliegen, alle, bis auf das Schneehuhn, das sich deswegen im Herbst schneeweiß zu färben beginnt. Ob es allerdings einfacher ist zu bleiben, als zu gehen – wer weiß das schon.

Wie der Hornsund zum Sund wird

Als sich langsam Berge über den Horizont schoben und dann das Meer, als ich von oben auf die Gletscherfront des Hornbreen hinunterschauen konnte, hatten wir es geschafft, und ich war froh. Und traurig. Denn diese Wanderung von der Hambergbukta auf den Hambergbreen, der in den Hornbreen übergeht, sollte einfach nicht möglich sein. Dass sie möglich ist – oder mittlerweile besser gesagt möglich war –, ist nur eines von so vielen Zeichen dafür, wie schnell sich alles verändert auf Spitzbergen, in der Arktis, in der Welt.

Aber fangen wir am Anfang an.

Am Anfang war ein Schiff, dessen Besatzung im Süden Spitzbergens in einer Bucht ein Rentiergeweih – ein Horn – fand. Weil die Besatzung dachte, diese Bucht sei der Eingang zu einer durchgehenden Wasserstraße, nannte sie diesen Ort Hornsund, ohne die Durchfahrbarkeit zu überprüfen. Der Hornsund ist tatsächlich ein Sund, er trennt das Südkapland von der Hauptinsel ab. Nur war das bisher gar nicht sichtbar. Denn der Sund war wie mit einem Korken verschlossen von riesigen Eismassen, enormen Gletschern, die den Sund unpassierbar machten.

Diese Gletscher schmelzen. Einst gab es weit vorne eine große Eisfront, die von mehreren Gletschern gebildet wurde, die von allen Seiten des Sunds herabflossen. Diese Front gibt es schon lange nicht mehr, die Gletscher haben sich weit in ihre Seitenfjorde oder -täler zurückgezogen.

Verschlossen wird der Sund nun nur noch durch den Hornbreen, so heißt das Eis, das nach Westen in den Hornsund abfließt. Und durch den Hambergbreen, das Eis, das nach Osten in die Hambergbukta strömt. Im Grunde ist es ein großer Gletscher.

Wir waren mit dem Schiff 2022 bis an das Ende des Hornsunds gefahren, hatten das Eis bestaunt, Wasserproben genommen. Weil ich von meinem Kollegen, dem Glaziologen Andreas Alexander, wusste, dass das Eis in der Hambergbukta eine neue Landspitze freigegeben hatte, von der aus man auf den Gletscher klettern konnte, plante ich, nach der Umrundung der Südspitze genau das auszuprobieren: auf den Gletscher steigen und dann von der anderen Seite so weit zu gehen, bis wir wieder in den Hornsund blicken konnten. Andreas beschrieb mir die Wanderung als nicht einfach, es gebe viele Spalten und Mühlen, in denen das Wasser tiefe Schluchten ins Eis mahlte, man müsse gut aufpassen. »Aber das siehst du alles«, schloss er seine Erklärung ab.

Ich wollte diese Wanderung vor allem deshalb machen, um unseren Gästen zu veranschaulichen, wie vergänglich dieses Eis war. Dass wir nun etwas tun konnten, was man vor einigen Jahren nicht machen konnte, weil die Gletscher alle so weit vorne in den Fjorden endeten, dass man über diese Fronten gar nicht auf sie hinaufkam. Es ging erst jetzt, wo sie seitlich Land freigaben. Es würde aber auch nicht für lange Zeit möglich sein, auch das erklärten wir. Irgendwann in naher Zukunft würde diese Eisbarriere zu unsicher, um auf ihr herumzuspazieren. Wie bald das schon sein sollte, das wussten wir da noch nicht.

Wir hatten Glück mit dem Wetter, als wir in die Hambergbukta einfuhren. Die ganze Fahrt in die Bucht hinein schauten wir, meine Kollegin Franka und ich, mit dem Fernglas auf den Gletscher und suchten nach einem Weg, nach einem guten Weg. Als wir schließlich mit den Gästen an der Landspitze ausstiegen und losmarschierten, fanden wir ihn auch. Wir wählten aufgrund seiner Beschreibung einen anderen Anfangspunkt als Andreas, in der Hoffnung, so die Spalten und Mühlen, von denen er gesprochen hatte, zu vermeiden. Das gelang uns auch. Wir sahen gewaltige Löcher auf unserem Weg, hörten das Wasser rauschen, doch immer in respektablem Abstand. Wir sahen die immense Seitenmoräne, mit Eis durchsetztes schwarzes Erdreich, aus dem das Wasser nur so herausschoss, weil es in der Sonne, die uns ohne Jacken marschieren ließ, in Bächen dahinschmolz. Nach zwei Stunden standen wir oben auf dem höchsten Punkt. An dem Punkt, an dem der Hambergbreen in den Hornbreen übergeht, an dem Punkt also, an dem wir wieder in den Hornsund hineinsehen konnten, wo wir am Vortag noch mit dem Schiff gewesen waren.

Wir juchzten, als die Berge auftauchten über unserem Eishorizont. Wir schauten mal in die eine, mal in die andere Richtung. Ich erinnerte mich an meine Anfangsjahre, die noch nicht lange her sind, und wie anders der Hornsund noch ausgesehen hatte. Wie unmöglich das hier gewesen wäre. Dass diese Eisbarriere verschwinden würde, das war den Glaziologen, die auf Spitzbergen vor allem das große Schmelzen vermessen, schon lange klar. Noch 2015 aber dachte man, das würde wohl in den 2060er-Jahren so weit sein. Jetzt aber schrumpft sie so rasant, dass das schon sehr viel früher, wohl im nächsten Jahrzehnt, der Fall sein wird. Der Hornsund wird dann wirklich ein Sund sein. Die Landkarte Spitzbergens wird um einen sehr markanten Punkt verändert, die ganze Südspitze eine eigene Insel sein.

Was wird diese Schmelze, diese Öffnung mit sich bringen? Westlich von Spitzbergen fließt ein Ausläufer des Golfstroms, der warme Westspitzbergenstrom, nach Norden. Östlich der Insel ist das Wasser kälter. Wird durch diese Straße warmes Wasser nach Osten strömen oder kaltes nach Westen? Welche Tiere werden dadurch mitkommen, welches Plankton?

Wir blieben einige Minuten in Stille auf diesem Eisschild stehen und ließen auf uns wirken, dass dieses Eis, das so immens und fest und ewig wirkte, in Wirklichkeit so verletzlich und beweglich und ganz einfach am Verschwinden war.

Nur ein Jahr später, im September 2023, kam ich zurück und unternahm diese Wanderung erneut. Es war windig an diesem Tag, der Wind brauste durch den Hornsund wie durch einen Tunnel. Schon bei der Einfahrt in die Hambergbukta erkannten wir durch das Fernglas, dass der Gletscher sich an den Seiten verändert hatte. Ich hatte viele Fotos aus dem Vorjahr dabei, auch Filmaufnahmen. Wir verglichen sie immer wieder mit dem, was wir nun sahen, und es war eindeutig: Es gab nun viel mehr Schwarz am Rand. Der Bereich, in dem wir im Vorjahr sicher gehen konnten, die Zone zwischen der Seitenmoräne und dem Spaltengebiet, sah nun viel schmaler aus.

Wir versuchten es trotzdem.

Es war so, wie wir es von unten schon vermutet hatten. Die Seitenmoräne war nun viel breiter. Es war nicht mehr viel Platz zwischen dem Randgebiet und der Spaltenzone. Obwohl es bereits September war, strömten außerdem aus einem Seitental gewaltige Wassermassen unter den Gletscher ein. Unter dem Gletscher hindurch. Das volle Rauschen des Wassers war nah. Das alles gefiel mir nicht. Zudem zog sich Nebel den Hornbreen herauf und ergoss sich langsam auf unsere Seite. Wenn wir die höchste Stelle erreichten, würden wir gar nicht hinuntersehen können. Der Wind nahm stetig zu, wir sahen die Schaumkronen rund um die *Cape Race*. Zu viel, was gegen ein Weitergehen sprach. Wir alle waren beeindruckt von der gewaltigen Moräne, von den Gletschermühlen, von der Gewalt, die wir hören und spüren konnten, vom Schmelzen dieses Eises und dem bloßen Sein auf diesem schwindenden Element. Wir mussten kein Ziel erreichen, das alles war uns Ziel genug. So beschlossen wir, umzudrehen. Wir machten einige Fotos, wie wir uns gegen den Wind stemmten, er wehte nun mit aller Macht auf uns ein, und standen nur kurz still in dieser umtosten Welt, in der es keine Stille gab. Dann ließen wir uns hinunterwehen vom Eis, in einem neuen Zickzackkurs um Spalten und Mühlen herum.

Beim Abstieg machte ich mir einige innere Notizen. Vor allem die, dass ich der Versuchung nicht erliegen sollte, diese Wanderung noch einmal zu unternehmen. Wahrscheinlich ist sie aber jetzt einfach schon unmöglich geworden. Und wir können nur noch warten, bis alles zusammenbricht.

Ein Malbuch, ein Rentier und ein Fehler

Ein Tier, das viele Spitzbergenreisende gerne sehen wollen, ist das Rentier. Die Chancen für eine Sichtung stehen auch nicht schlecht, denn es gibt etwa zehntausend davon auf den Inseln. Weil sie nur sehr wenig bejagt werden, sind sie überdies recht zutraulich. Die ersten Rentiere also sieht man gewöhnlich mitten in Longyearbyen, wo sie sich gemütlich an der Tundra knispelnd durch den Ort äsen. Das Spitzbergenrentier sieht dabei ein bisschen anders aus als seine Artgenossen vom Festland. Während die Festland-Rentiere durchaus rank und schlank und elegant aussehen, ist das Insel-Rentier deutlich kleiner. Es hat kürzere Beine und sieht insgesamt etwas moppeliger und kuscheliger aus, wenn man es ganz unzoologisch ausdrücken möchte. Es ist einfach etwas kompakter, die kürzeren Beine sind wohl eine Anpassung an den hier bisher weniger fallenden Schnee. Denn Rentiere scharren sich ihr Fressen lange Monate des Jahres unter dem Schnee frei. Ist er tief, sind die langen, schlanken Beine ideal. Auf Spitzbergen mussten sie wegen der geringeren Schneehöhe bisher wohl nicht so lang sein wie auf dem Festland, und das Rentier investierte weniger Energie in den Beinwuchs. Eine spannende Frage wäre nun, ob das Rentier seine Beinlänge an die mit dem Klimawandel wachsende Schneedecke anpassen wird.

Die Rentiere auf Spitzbergen sind recht neugierige Gesellen. Taucht man in ihrem Blickfeld auf, wird man häufig erst einmal ausgiebig beäugt. Dann nehmen sie Reißaus, springen wild über Stock und Stein davon. Aber sie tun nur so. Denn dann linsen sie doch wieder herüber, geben vor, sich mächtig auf die Tundra und all die kleinen Blumen zu konzentrieren – dabei äsen sie sich ganz unauffällig noch viel näher an einen heran als zuvor. Dieses Spiel macht mir immer wieder große Freude. Denn schlussendlich kommen diese neugierigen Tiere, für die man vielleicht der erste Mensch überhaupt ist, den sie sehen, manchmal bis auf wenige Meter an einen heran. So nah, dass man ihnen in ihre wunderschön bewimperten Augen schauen kann.

War es der Coca-Cola-Konzern, der Rentiere zum zweitgrößten Symbol für Weihnachten nach dem Christbaum werden ließ, indem er die armen Tiere vor den Schlitten des imaginären Santa Claus spannte? Wahrscheinlich. Wenn bald nach dem Ende der Sommerferien aus den Supermarktlautsprechern recht zuverlässig Musik mit Glöckchenklang schallt, ist darunter auf jeden Fall immer auch eine ganz famose Melodei gelegt: die vom rednosigen Rentier Rudolph. Die Geschichte dieses armen Tropfs muss hier kurz erzählt werden, denn alle Spitzbergenreisenden müssen Rentiere besser kennen als der Schreiber dieses Liedchens. Erfunden hat den rotnasigen Rudi eine Kaufhauskette, das liegt nahe, weil ja beinahe alles Weihnachtliche mit Kaufen zu tun hat. Die Kaufhauskette Montgomery Ward aus Chicago warf 1949 ein Malbuch auf den Markt, das den globalen Blick auf Rentiere für immer fälschen sollte. Doch erst einmal kurz zur hanebüchenen Handlung des Malbuchs: Die Hauptfigur darin ist Rudolph, das Rentier. Aber Rudolph ist anders als alle anderen Rentiere: Er hat eine leuchtend rote Nase. Wegen dieser roten Nase wird er von seinem Umfeld drangsaliert und darf bei keinem der Rentierspiele mitspielen. Dann aber kommt Santa Claus und findet die Nase toll, weil sie ein prima Frontscheinwerfer für seinen Schlitten ist. Und weil alle Rentiere Santa dufte finden, finden sie Rudolph plötzlich auch alle dufte. Ja, echt.

Im gleichnamigen Lied wird diese Geschichte auch erzählt, die man so zusammenfassen kann: Man wird gemocht, wenn der Chef einen mag. Nicht, weil man doch generell seinen Nächsten so lieben sollte, wie er nun mal ist.

Wegen dieses vor allem an Weihnachten recht fragwürdigen Inhalts hat wohl auch Bing Crosby, der Lametta-Schmetterer Nummer eins, dankend abgelehnt, als man ihm das Interpretieren des Liedes angetragen hatte. Gesungen wurde es trotzdem, von einem, mir zumindest, gänzlich unbekannten Gene Autry. Mit dem Lied flutete auch die Abbildung des Rudolph rund um den Globus. Jetzt wird es spannend, denn auf all diesen Abbildungen trägt Rudolph … ein Geweih. Wenn Rudolph aber ein Rentiermännchen ist, dann dürfte er zu der alljährlichen Zeit, in der seine Nase als Frontscheinwerfer gebraucht wird, kein Geweih haben. Die ganz profane Wahrheit ist nämlich: Rentiermänner werfen ihr Geweih im Spätherbst ab. Dann ist die Brunftzeit vorbei, und sie brauchen es nicht mehr. Erst im April fängt es wieder an zu wachsen, bis es Ende Juli bereit für den nächsten Einsatz ist, sich selber als Platzrentier darzustellen. Rentiere, die an Weihnachten ein Geweih tragen, sind weiblich. Die Rentierfrauen bekommen ihr Geweih im Juni und tragen es ganzjährig, sie machen nach dem Abwurf keine große Pause. Der rotnasige Rudi ist in Wahrheit eine Frau! Und damit wird der Schlitten, in dem der dickleibige, pausbäckige Weihnachtsmann so bequem sitzt, also ausschließlich von Weibchen gezogen. Wie könnte es auch anders sein.

Wenn also das nächste Mal allüberall auf den Tannenspitzen goldene Lichtlein blitzen und sich rhythmisches Schlittengeläut in die Gehörgänge zu bohren beginnt – dann können alle Spitzbergenkenner und -kennerinnen das Liedchen nun richtig mitträllern:

Rudolphine, the red nosed reindeer!

Reisen und Menschen aller Art

Was war deine schönste Reise? Das ist eine Frage, die mir immer wieder gestellt wird. Ich kann sie nicht beantworten. Weil es eine schönste Reise für mich nicht gibt, weil ich mich mit Ranglisten sowieso schwertue. Auf jeder Reise gibt es Momente, die besonders sind. Begegnungen mit Tieren, Polarlichter, Stürme, die alle zusammenschweißen, schöne Segelstrecken, sonnige Nachmittage vor türkisfarbenen Gletschern, gemeinsame Plastiksammelaktionen, verrückte Landungen an entlegenen Orten ... So vieles unterscheidet die Reisen voneinander und macht sie auf ihre Weise einzigartig. Und auf wirklich jeder Reise finde ich wieder etwas, das ich noch nie gesehen habe, was mich neu in seinen Bann zieht, Szenen und Momente, die ich nie vergessen werde. Wenn alles immer gleich und irgendwann Routine wäre, das wäre nichts für mich.

Es gibt eine Reise, die dann aber doch für immer etwas Besonderes bleiben wird, etwas Seltsames, Bemerkenswertes. Die schönste aller Reisen war sie deswegen nicht, aber eine, die anders als alle anderen in Erinnerung bleibt. Und zwar die Reise mit den drei Hexen.

Auf einer der Spitzbergenumrundungen auf der *Antigua* kam während der ersten Wanderung eine Frau zu mir und fragte, ob ich im Norden eine besondere Energie spüren würde. Das ist für mich keine ungewöhnliche Frage, und es ist in der Tat so, dass ich das bejahen muss – und damit bin ich nicht alleine. Wahrheitsgemäß also sagte ich, dass ich, je weiter nördlich, umso mehr, auf eine besondere Weise wach bin. Ich bin »an«. Anders als im Süden. Warum das so ist, weiß ich nicht, es hat vermutlich schlicht mit den Temperaturen zu tun, ich funktioniere einfach viel besser, wenn es kalt ist und die Luft frisch ins Hirn und Blut fließt. Ich kenne aber gar nicht so wenige Menschen, die behaupten, dass nördlich von achtzig Grad eine besondere Energie herrsche, und darüber will ich ganz sicher nicht urteilen.

Mit dieser dem Energiethema aufgeschlossenen Antwort handelte ich mir eine umfangreiche Rede ein, in deren Verlauf ich erfuhr, dass die Frau zusammen mit zwei Begleiterinnen diese Reise ausschließlich aus Energiegründen gebucht hatte: Die Frauen wollten an den Ort auf der Welt reisen, an dem die größte Menge an Energie zu spüren war. Und während sie anfangs auf ihrer Energiesuche zum Äquator wollten, hätten sie sich im Lauf der Planungen gedacht, der Norden sei, was die Stärke des Energieflusses betreffe, doch das wahrscheinlichere Ziel, denn dort liefen ja alle Magnetlinien und alle Meridiane zusammen. Auf der Suche nach der Reise, die sie also am weitesten nach Norden bringen würde, seien sie schließlich auf der *Antigua* gelandet. Das war der Grund für ihre Spitzbergenreise.

Es gibt Momente in einem Guide-Leben, da fällt einem nicht mehr so viel ein. Das war so einer, und ich fand es großartig. Ich finde es großartig, wenn Menschen Leidenschaften haben und ihren Ideen folgen, und ob das nun sinnvoll ist oder verrückt, darüber maße ich mir kein Urteil an. Ich fand es spannend, denn es war mal etwas anderes als der Wunsch, einen Eisbären zu sehen, oder das Thorshühnchen im Sommerkleid.

Bei einer Pause zog diese Frau eine Wünschelrute aus ihrem Rucksack und wünschelte um die sitzende Gruppe herum. Sie wolle die Energie messen, war ihre Erklärung; der Rest der Gäste reagierte verhalten verwirrt. Für uns Guides wurden die Pausen dadurch abwechslungsreicher, da wir ja auch die umherwünschelnde Frau vor Eisbären schützen mussten.

Zurück an Bord, kam eine der drei Frauen wieder auf mich zu und verkündete Folgendes: Wir würden während der kommenden Reise viele Wale sehen und sehr wenig Bären, wahrscheinlich gar keine. Außerdem würde an einem bestimmten Datum etwas Unvorhergesehenes passieren, das die ganze Reise verändern würde. Wir merkten uns im Steuerhaus das Datum und wurden schon selbst ganz aufgeregt.

Es geschahen noch allerlei andere Dinge, und so bekamen die Frauen von den anderen Gästen bald den Beinamen »die drei Hexen«, von dem wir erst recht spät erfuhren.

Am nächsten Morgen stand die Haupthexe schon an Deck. Sie erzählte von einem Zwergwal, der in der Nähe sei und mit dem sie sich schon den ganzen Morgen unterhalte. Ich klammerte mich morgendlich wortkarg an meinen Kaffee und stieg ins Steuerhaus hinauf, wo mir ebenfalls von dem Zwergwal berichtet wurde, nur hatte hier niemand mit ihm geredet. Die Frau erzählte mir später, sie habe den Wal gerufen und nur wegen ihr sei er so lange in der Nähe geblieben.

In der Tat kam einige Tage später die Kabinengenossin dieser Frau auf uns zu – es gab nur Doppelkabinen und damit auch zufällig gemeinsam in einer Kabine wohnende Gäste – und fragte, ob es eine Möglichkeit gäbe, die Kabine zu wechseln. Weil die Frau jeden Morgen im Bett nach Walen rufen würde. Mit einem eigentümlichen Walgesang, der den Mitreisenden den Schlaf und sämtliche Nerven raubte.

Insgesamt also gestaltete sich diese Szenerie so interessant wie bizarr, und die drei Frauen – die durchaus nicht unsympathisch waren, im Gegenteil – sorgten immer wieder für neue Entwicklungen.

Es geschah nun aber auf dieser Reise wirklich so Skurriles, dass die Geschichte dadurch erst erzählenswert wird: Zunächst sahen wir auf dieser Reise so viele Wale wie nie vorher und auch nie wieder nachher. Tatsächlich kam es so, wie die Frau vorhergesagt hatte. Eine Schule von etwa hundert Belugas, beispielsweise. Eine weitere Schule, genauso groß, die nicht wie üblich an uns vorbeizog, sondern eine ganze Weile bei uns blieb. Die Wale tauchten an unserer Ankerkette auf und ab und umkreisten geräuschvoll unser Schiff – wir konnten kaum glauben, was passierte. Die Belugas blieben lange bei uns, umkreisten uns, schauten uns an. Eine ganz und gar ungewöhnliche Begegnung.

Im Süden Spitzbergens, südöstlich des Südkaps, gerieten wir zwischen Buckel- und Finnwale, die wir nicht zählen konnten, es müssen mehr als zweihundert gewesen sein, und dazwischen noch Delfine. Das Gleiche passierte uns westlich von Hopen. Wir sahen eine ungewöhnlich hohe Anzahl von Delfinen, als wir westlich von Spitzbergen nach Norden segelten. Eisbären sahen wir wenige, aber von einem ist hier bereits die Rede gewesen, es war der, der seinen Walrosskadaver verließ und auf uns zuschwamm und sich eben so ungewöhnlich verhielt. Alles in allem tatsächlich eine Anhäufung ganz und gar nicht alltäglicher Sichtungen.

Kurz bevor wir die Hinlopenstraße durchfahren wollten, zog ein Eisfeld in die Meerenge und versperrte uns den Weg, ein Vorgang, der Tage zuvor so ganz und gar nicht abzusehen gewesen war. Wir hatten die Umrundung entgegen dem

Uhrzeigersinn angefangen, und nun war klar, dass wir südlich der Hinlopenstraße würden umdrehen müssen. Für Ende August ist das einigermaßen ungewöhnlich. Noch einmal rund um das Südkap ging also unsere Reise, wo wir erneut der unglaublichen Menge an Walen begegneten, und dann segelten wir den ganzen Westen Spitzbergens hoch bis in die Nordwestecke und schließlich fast bis an die andere Seite der Eisbarriere. Als uns klar wurde, dass wir umdrehen mussten, schaute einer der Crew auf den Kalender und sagte: »Ist heute nicht der Tag, von dem die Hexen gesagt haben, es würde was passieren?« Wir schauten alle auf den Kalender, und dann sagte erst mal niemand mehr etwas.

Die drei Hexen aber sagten natürlich, ihnen sei das von Anfang an klar gewesen. Sie hätten auch all die Wale gerufen, was ihnen einen Disput mit dem Kapitän eintrug, der seine jahrelange Erfahrung und sein Können, das Schiff mitten in den Weg von Belugas hineinzuparken, ohne sie zu verscheuchen, schmählich ignoriert sah. Auch der schwimmende Eisbär sei nur deswegen von seiner eindeutigen Beuteabsicht abgewichen, weil die Haupthexe Kontakt mit ihm aufgenommen hatte. So weit die Erklärung der Hexen. Der Kapitän befand all dies als einen ausgemachten Blödsinn und eine ungeheure Missachtung der Arbeit der Crew.

Ich habe zu alldem gar keine Meinung, ich habe zwei Wochen lang beobachtet und war einigermaßen erstaunt, ich muss nichts davon in eine Schublade stecken. Erlebnisse wie diese sind für mich nur einer von so vielen Faktoren, die mich immer wieder spüren und denken lassen, wie wunderbar und reich und immer wieder überraschend und faszinierend doch die Natur ist – und Menschen auch. Die scheinbare Unberührtheit und die daraus resultierende Freiheit, die wir auf Spitzbergen noch verspüren können, führen dazu, dass auch Menschen andere Ideen, Gefühle, Gedanken haben als im Zentrum einer Stadt, davon bin ich überzeugt, weil ich es immer wieder beobachte. Auf die Menschen strömen in der Weite und Offenheit der Arktis so viele Eindrücke ein, Landschaften, Tiere, Pflanzen, die sie noch nie gesehen haben, die sie sich häufig auch so überhaupt nicht vorgestellt haben. Zusammen mit unseren Erklärungen arbeitet es dann in den Köpfen und Herzen. Es geschieht so viel auf diesen Reisen, die manchmal so viel länger scheinen als nur vierzehn Tage. Man kann sich kaum an die restliche Welt erinnern, wenn man wieder zurück ist in Longyearbyen. Natur ist etwas Wunderbares, und Menschen sind es sowieso. Auf Spitzbergen berühren sich beide auf eine ganz eigene Weise, und manchem wird zum ersten Mal deutlich, dass wir Teil der Natur sind und nicht daneben- oder darüberstehen. All das zusammen ist herrlich.

Quellen

Seite 67
»Zu Beginn war da eine ganze Welt, die zweifelte [...]«
Frans G. Bengtsson: Andréedramat. In: Silversköldarna: Essayer av Frans G. Bengtsson, Stockholm 1951

Seite 82
»Annas Ehemann Gilbert war ein wundervoller Mensch [...]«
Beau Riffenburgh: Into the Mists, The Fram Museum, Oslo, S. 174

Seite 82
»Wir haben gerade nach zehn Stunden Schlittenziehen und -zerren angehalten [...]«
Virgohamna. Published by the Governor of Svalbard, S. 23

Seite 107
»Hier stand damals, vor mehr als 250 Jahren, eine ganze Stadt [...]«
Fridtjof Nansen: Spitzbergen, Brockhaus, Leipzig 1921, S. 258

Seite 123
»Wer hier oben gelebt hat und das Land versteht [...]«
Wanny Woldstad: Første kvinne som fangstmann på Svalbard, Johann Grundt Tanum, 1956

Seite 136
»Gewinnung von Mineralien auf dem Meeresboden [...]«
Reinhard Wolff: Wie tief will Norwegen noch sinken?,
in: TAZ, 04. 10. 2023

Seite 137
»Norwegen versucht einfach, seine Rechte zu etablieren [...]«
Alex Rühle: Unruhepol, in: Süddeutsche Zeitung, 17. 03. 2023

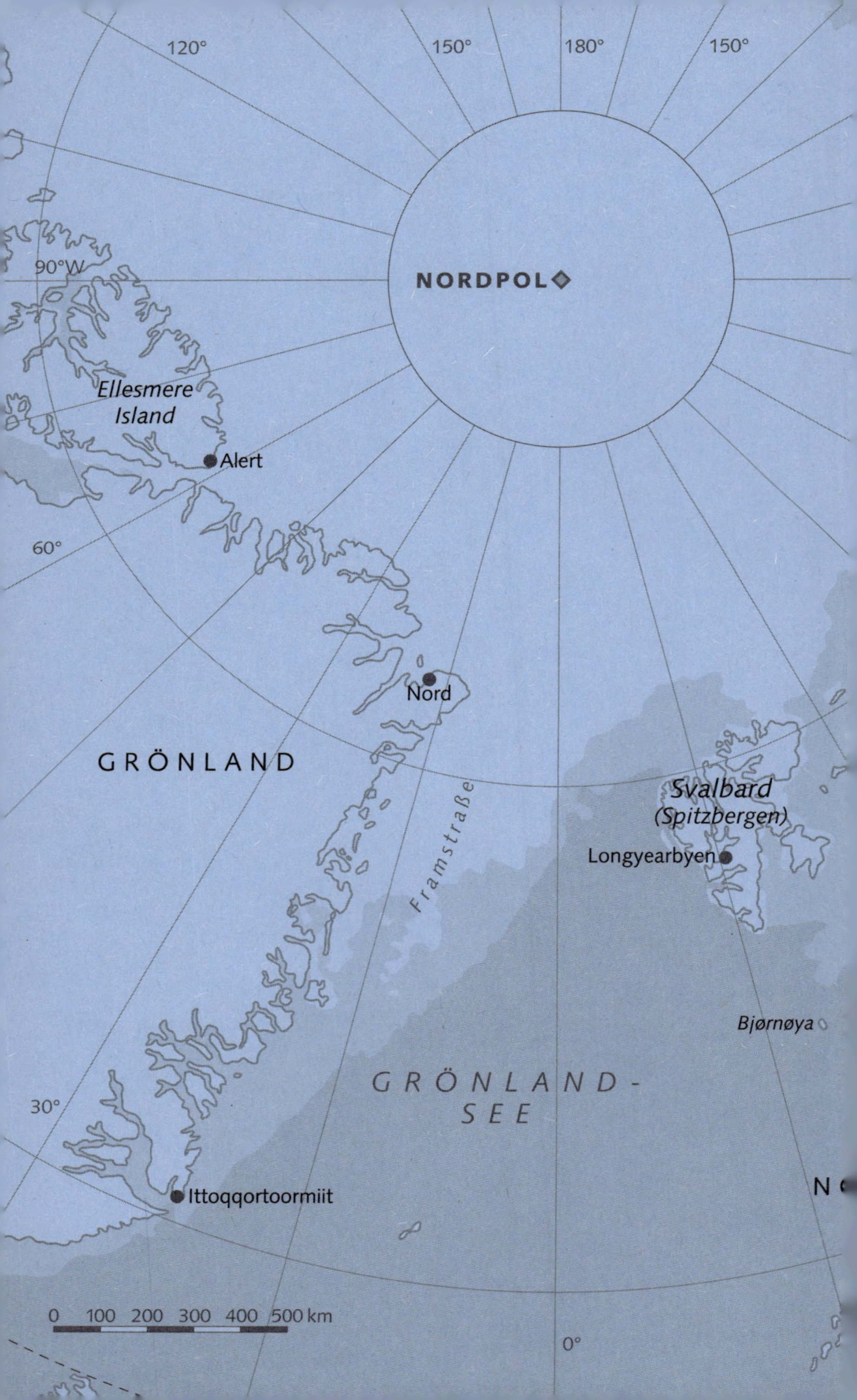

120°
150°
180°
150°
90°W
NORDPOL
Ellesmere Island
Alert
60°
Nord
GRÖNLAND
Framstraße
Svalbard (Spitzbergen)
Longyearbyen
Bjørnøya
GRÖNLAND-SEE
30°
Ittoqqortoormiit
0 100 200 300 400 500 km
0°